"一带一路"建设与地方角色

林勇新 / 编著

中国海洋大学出版社
·青岛·

图书在版编目（CIP）数据

"一带一路"建设与地方角色 / 林勇新编著—青岛：中国海洋大学
出版社，2019.2（2020.4 重印）

ISBN 978-7-5670-2055-9

I.①一… II.①林… III.①区域经济发展－研究－中国 IV.① F127

中国版本图书馆 CIP 数据核字（2018）第 283592 号

出版发行	中国海洋大学出版社		
社　　址	青岛市香港东路 23 号	邮政编码	266071
出 版 人	杨立敏		
网　　址	http://pub.ouc.edu.cn		
电子信箱	cbsbgs@ouc.edu.cn		
订购电话	0532-82032573		
责任编辑	郭　利	电　　话	0532-82032643
印　　制	日照报业印刷有限公司		
版　　次	2020 年 1 月第 1 版		
印　　次	2020 年 4 月第 2 次印刷		
成品尺寸	170mm×230mm		
印　　张	12.5		
字　　数	180 千		
印　　数	1~1000		
定　　价	38.00 元		

如发现印装质量问题，请致电 0633-8221365，由印刷厂负责调换。

序言

　　2013 年，中国国家领导人发出共建"一带一路"的倡议，举世瞩目，令人期待。"一带一路"倡议实践成果表明，崛起的中国正用古老的东方智慧为全球治理体系做出卓越的贡献。作为一名有幸见证并参与这一宏伟壮举的研究者，理应如实记录这百年未有之大变局之下，"一带一路"的参与主体之一——地方政府如何作为，从而促进地方经济实现飞跃发展。

　　"一带一路"倡议能够取得丰硕的成果，地方政府功不可没。五年多来，中国地方政府成为参与"一带一路"建设的重要主体之一，它们立足地方独特的优势，在中国与"一带一路"参与国实现政策沟通、互联互通、贸易畅通、资金融通、民心相通等方面发挥着不可替代的作用。海南、福建、广东、广西、江苏、上海、浙江、云南等沿海、沿边地区在参与"一带一路"倡议的实践中，依托自身的禀赋优势，明确了符合自身特色的战略定位，形成了鲜明的发展经验。对这些发展经验进行系统的梳理和总结，有助于为下一步深入推进"一带一路"建设提供可资借鉴的经验。2018年是中国改革开放40周年，也是中国领导人正式提出"一带一路"倡议的第五年。历史的经纬在这样特殊的年份里交汇，预示着中国继续深化改革开放的雄心离不开推进"一带一路"建设的坚定意志。

目　录

第一章

"一带一路"倡议提出的背景及意义

2013 年 9 月和 10 月，国家主席习近平在出访哈萨克斯坦和印度尼西亚期间，先后提出共建"丝绸之路经济带"和 21 世纪"海上丝绸之路"的重大倡议，得到国际社会高度关注。2015 年 3 月 28 日，国家发改委、外交部、商务部联合发布了《推动共建丝绸之路经济带和 21 世纪"海上丝绸之路"的愿景与行动》（以下简称《愿景与行动》）。2016 年 8 月 17 日习近平在推进"一带一路"建设工作座谈会指出"一带一路"建设从无到有、由点及面，进度和成果超出预期，并提出推进"一带一路"建设需在统一思想、统筹落实、金融创新、人文合作、话语体系建设、安全保障等方面强化工作。

2017 年 5 月份，在北京举行的"一带一路"国际合作高峰论坛成为"一带一路"建设进入新阶段的标志性事件。习近平主席在会上提出，要把"一带一路"建成和平之路、繁荣之路、开放之路、创新之路、文明之路。论坛形成政策沟通、设施联通、贸易畅通、资金融通、民心相通 5 大类，共 76 大项、270 多项具体成果。

"一带一路"建设跨越不同地域、不同发展阶段、不同文明，经过 4 年多的落实，已建设成为一个开放包容的合作平台，"一带一路"建设共商、共建、共享的理念也更加深入人心。

一、"一带一路"建设提出的时代背景

"一带一路"倡议是以习近平为总书记的党中央站在历史高度、着眼世界大局、面向中国与亚太各国长远发展提出的重大战略构想，是关乎未来中国改革发展、稳定繁荣乃至实现中华民族伟大复兴中国梦的重大"顶层设计"。"一带一路"构想对于我国加快形成陆海统筹、东西互济的全方位对外开放和全面发展新格局、促进区域共同繁荣和世界和平发展具有重大而深远的意义。"一带一路"构想的提出，是我国主动应对全球形势深刻变化、统筹国内国际两个大局，主动创造合作、和平、和谐对外合作环境做出的重大战略举措，具有深刻的时代背景。

（一）国际地缘政治因素

世界格局"南升北降"，国际战略格局"东升西降"。当前，国际形势继续发生着深刻复杂的变化，世界多极化、经济全球化深入发展，文化多样化、社会信息化持续推进，国际格局和国际秩序加速调整演变。金融危机爆发至今已近 10 年，从目前的发展情况来看，欧美等发达国家虽然表现出阶段性复苏迹象，但经济增长依旧乏力，经济增长速度不断回落，总体仍未摆脱发展的困境，其要完成金融整治和经济结构的调整，重回增长之路，可能还需要较长的时间。与此同时，新兴经济体和发展中国家集体崛起，改写了世界经济、政治版图，世界格局"南升北降"成为不可逆转的大势。全球经济与战略重心东移、国际战略格局"东升西降"日趋明朗，全球地缘政治权势和地缘经济实力从发达国家向发展中国家转移，国际力量对比继续朝着均衡的方向发展。

而这种国际力量均衡发展的最重要的一方面就是中国综合国力的稳步提升和美国力量的相对衰退；从另外一方面讲，国际战略格局的"东升西降"就是中国的崛起导致了自苏联解体之后由美国单一超级大国主导国际战略格局正逐步调整，乌克兰危机、西亚和北非的动荡等均体现了美国地

缘政治影响力的边际效应正在发生衰减。究其原因，主要包含以下三个方面：第一，金融危机以来，美国的自身实力已经难以满足世界多点爆发的安全局势的维稳需求，美国在诸多事件的"力不从心"使得美国"世界警察"的角色日趋褪色；其次，美国为挽救自身经济推行的量化宽松政策，即通过超发美元让世界为其国内危机买单的行为，从根本上动摇了美国赖以生存的美元信誉基础，特别是这一行为对欧元区一体化的负面影响，潜在动摇了西欧国家与美国结盟体系的根基。第三，美国掀起的页岩气革命促使美国从石油原油净进口市场转为净出口市场，这无疑将对全球最大大宗商品的原油市场产生深刻影响。除影响国际原油期货价格走势之外，还有两个深层次的影响不可忽视：一是美国在中东地区的利益关切发生根本性改变，导致美国国内民众对美国干涉中东事务日趋保守甚至反对，二是美国与沙特等国的相互依存的市场关系转为相互竞争的市场关系，美国在中东地区的关系基础受到冲击。

周边国家对中国的战略倚重不断上升，但仍存不稳定因素。亚洲已经拥有世界三分之一的经济总量，是当今世界最具发展活力和潜力的地区之一，在世界战略全局中的地位进一步上升，很多人认为亚洲国家正在崛起，亚洲世纪已经到来。周边国家与我国的经济关系更加紧密，对我国的经济依存度不断加深。21世纪以来，中国同周边国家贸易额由1000多亿美元增至2013年的1.3万亿美元，超过了中国与欧洲、美国的贸易之和，已成为众多周边国家的最大贸易伙伴、最大出口市场、重要投资来源地。周边国家和我国的利益交融不断深化，对我国的战略倚重不断上升，正加速迈向"命运共同体"，我国已经成为拉动周边地区发展的最活跃因素。

与此同时，我们也必须看到我国周边形势稳中有忧的一面。我国同14个陆上邻国接壤，和6个海上国家相望。这些国家在历史文化、政治制度、民族宗教等方面都存在很大差异，双方政治安全互信有待加强，印度、日本、越南、菲律宾等国和我国还存在领土和海洋权益争议。随着美国等域外国家加大介入南海问题，我国周边地区已成为大国博弈最集中、战略投入最多的地区，这加剧了情况的复杂性和不确定性。

中国强势崛起已成为公认的事实，其逐步走近世界舞台中央。经历了近40年的改革开放之后，我国的发展已经进入了一个新的历史阶段。2010年，我国经济总量超过日本成为亚洲第一、世界第二。根据世界银行的报告，按照购买力平价（PPP）计算，中国在2014年已取代美国，一举成为全球最大的经济体。虽然有学者不认可这一说法，但中国的强势崛起已成为公认的事实。此外，2008年和2010年中国还分别成功举办北京奥运会和上海世博会，中国已经被推上了世界舞台的前沿，这是中国发展史上的一个标志性转折点。正如中央决策层所说的那样，"中国从来没有像现在这样接近世界舞台的中央，从来没有像今天这样接近实现民族复兴的时机"。

中美战略博弈日益白热化，美国在亚太地区新的战略布局与中国参与建构的国际新秩序形成越来越激烈的对冲。在中国因素的带动下，世界格局的重心向亚太地区转移。2008年以来，美国在亚太地区的布局可分为两个阶段。

在奥巴马政府执政时期，美国提出要"重返亚洲"，推行"巧实力"外交，实施"亚太再平衡"战略，在外交、军事、安全、经贸等领域推行了一系列新举措，试图围堵中国的发展空间，遏制中国的发展势头。首先，美国不断加大对南海问题的介入力度，从隐性到显性，从幕后到台前，从不持立场到拉偏架，将南海问题作为牵制我国发展的重要抓手之一。在其暗地支持下，越南、菲律宾等国利用外交法理、国际仲裁等继续强化其占有岛礁的主权权益，并推动东盟在南海问题上抱团对我。此外，在这一时期，美国还强化"美日安保"，不断拉拢日、韩、菲、澳等国打造环绕中国东部的"三条岛链"，构建从日本东京到阿富汗首都喀布尔的"新月形"包围圈，明里暗里插手东海问题，驻军澳大利亚、重返菲律宾，炒作海空一体战、离岸作战，加紧推进"跨太平洋战略伙伴关系协定"（TPP），意欲继续主导亚太政经格局，遏制中国发展。

2017年1月特朗普上台以来，虽然美国退出了TPP，但通过双边贸易的巩固和加强，其贸易保护主义明显抬头。特朗普政府提出的"印太战略"虽仍未成形，但从特朗普政府2017年在亚太地区的作为（包括军事航行自由行动等）可以预见，特朗普政府在亚太地区的政策和对中国的战略博弈不会减弱。

（二）世界和国内经济发展因素

发达经济体在全球经济增长中的主导作用已经发生动摇，新兴与发展中经济体逐渐成为稳定经济增长的主要力量。当前全球经济格局深刻变化，在高额政府债务、投资机会缺乏、欧债危机冲击、产业创新缓慢、货币环境紧缩、失业率居高不下等因素的共同作用下，过去几十年引领全球经济增长的发达经济体在全球经济增长中的主导作用已经发生动摇。与此同时，新兴经济体的群体性崛起始终保持着较高增长率，新兴经济体逐渐成为稳定经济增长的主要力量。目前，按照购买力平价指数计算，新兴经济体和发展中经济体占世界GDP的比重已经超过50%，全球经济中心开始由发达国家逐渐向发展中国家转移。

发达国家调整发展战略仍是控制国际贸易规则制定的主要力量。发达国家经济实力虽相对衰落，但在短期内其主导和影响世界经济的能力仍未发生根本的变化，仍是控制国际贸易规则制定及全球治理的主要力量。与此同时，中国在贸易和投资等领域对外经济活动的迅猛发展给发达国家带来了巨大的竞争压力，发达国家出台了种种贸易、投资和货币政策上的保护主义措施。欧美日正在不断强化其在新一轮贸易规则中的话语权，美国推动和主导的跨太平洋战略伙伴关系协定（TPP）和跨大西洋贸易与投资伙伴关系协定（TTIP）谈判企图掌控和影响下一轮国际贸易规则主导权。

中国已成为世界第二大经济体，但面临经济结构调整和产能过剩的压力。改革开放30多年来中国经济以年均近10%的速度持续高增长，GDP总量平均7年多翻一番，2000年时中国的GDP总量仅有1.2万亿美元，到2014年已经超过10万亿美元。从中国与世界第一经济体美国GDP对比的角度来看，2006年我国GDP总量仅占美国GDP总量约20%，到了2008年这一数字提高到约 30%，2010 年提高到约 40%，到 2014 年我国 GDP 总量已达到美国 GDP 总量的 60%，中国经济已成为世界经济发展的最大推动力。

但随着国民经济总量基数增大，支撑经济发展的人力资源、自然资源以及制度安排和经济政策等要素正在发生变化，再加上国际金融危机的外来影响，中国经济正面临着近年来少有的错综复杂局面，呈现出"新常态"，正处于增长速度换挡期、结构调整阵痛期、前期刺激政策消化期"三期叠加"的新阶段。中国经济增速由 2003 年至 2007 年经济年均增长 11.6%，2008 年至 2011 年年均增长 9.6%，到 2012 年至 2014 年年均增长 7.5%，呈现逐级放缓的态势。

2008 年国际金融危机爆发后，中国经济遭受巨大冲击，为扭转增速下滑过快造成的不利影响，政府及时采取拉动内需和产业振兴等一揽子刺激政策，推动经济增长在短期内迅速企稳回升，使中国经济率先走出危机阴影。但是随着刺激政策的退出，短期的强刺激政策也带来了产能过剩等一系列负面影响，也使此后的宏观政策选择受到掣肘。通常健康且创利的产业产能利用率应当在 85% 以上，而据国际货币基金组织测算，中国全部产业产能利用率不超过 65%。我国传统的出口国较为单一和狭窄，美国、欧洲和日本占据出口的核心国位置，占比很高，但这些传统的出口市场已经开拓得较为充分，再加上国际金融危机的影响，增量空间已经不大，国内的过剩产能很难进行消化，而我国周边的东盟、中亚、南亚等发展中国家和地区资源丰富、市场广阔、潜力巨大，对外开放的格局因此需要调整、转向。

（三）"一带一路"的内涵与推进路径

"一带一路"的内涵："一带一路"作为跨越时空的宏伟构想，以跨越时空的文化认同为基础，融古通今、内联外接，继承并弘扬了"和平合作、开放包容、互学互鉴、互利共赢"的丝绸之路精神，承载着丝绸之路沿途各国发展繁荣的梦想，对促进沿线各国繁荣发展和东西方交流合作具有不可替代的作用。

合作机制:"一带一路"倡议是谋求共同发展的一种理念,目的是达到合作共赢,不是要另起炉灶建立组织或机构,而是注重现有区域合作机制相辅相成,不但不排斥,而且包容共存,欢迎各国、各国际组织、地区组织参与共建,其合作机制和原则具有高度的开放性、灵活性和包容性。

首先,通过加强双边合作,开展多层次、多渠道沟通磋商,推动双边关系全面发展。例如,充分发挥现有联委会、混委会、协委会、指导委员会、管理委员会等双边机制作用,协调推动合作项目实施。

其次,充分发挥沿线现有的多边合作机制的作用。例如,通过上海合作组织、中国—东盟"10+1"、亚太经合组织、亚欧会议、亚洲合作对话、亚信会议等现有多边合作机制作用,加强与相关国家沟通,让更多国家和地区参与"一带一路"建设;最后,充分发挥沿线现有的区域、次区域相关国际论坛、展会的建设性作用。例如,充分发挥博鳌亚洲论坛、中国—东盟博览会、中国—阿拉伯博览会、欧亚经济论坛、中国国际投资贸易洽谈会等平台的建设性作用,同时倡议建立"一带一路"国际高峰论坛,共同探讨共建"一带一路"相关事宜。

优先区域和国家:"一带一路"贯穿亚欧非大陆,连接了活跃的东亚经济圈和发达的欧洲经济圈。丝绸之路经济带重点畅通中国经中亚、俄罗斯至欧洲,中国经中亚、西亚至波斯湾、地中海,中国至东南亚、南亚、印度洋。21世纪"海上丝绸之路"的重点方向是从中国沿海港口过南海到印度洋并延伸至欧洲,以及从中国沿海港口过南海到南太平洋。

东南亚地区连接两洲两洋,地理位置重要,自然资源丰富,发展前景广阔。中国经过多年的经营,已经有了较好的经济和人文优势。"一带一路"建设近期应以东南亚、南亚为优先方向,将东南亚作为建设重点中的重点。首先,以湄公河流域为重点,打造东南半岛新的合作机制;第二,以海上东盟国家为重点,打造新的南海沿岸国合作机制,有效管控南海问题,加快沿岸国的合作;第三,继续利用好中国—东盟合作平台,增进政治互信尽快打造中国—东盟自贸区升级版,加快与东盟国家的互联互通建设。

重点领域和推进路径：从国家层面上，重点是要围绕政策沟通、设施联通、贸易畅通、资金融通、民心相通"五通"着力推进，把互联互通和贸易畅通作为重点领域。

第一，加强政策沟通。中国要与相关国家就"一带一路"规划进行交流，本着求同存异原则，协商制定推进区域合作的规划和措施，在政策和法律上为规划实施扫清障碍。

第二，促进互联联通建设。当前，中国与沿线国家的联通建设严重滞后，通过与沿线国家的交通基础设施、基础产业、能源设施和信息网络的联通，可以构建互联互通的跨境大通道和信息网络，并带动中国技术、标准、装备"走出去"。

第三，提升贸易合作水平。"一带一路"连接亚太经济圈和欧洲经济圈，市场规模和潜力独一无二，沿线各国要积极推动贸易和投资便利化，尽快消除贸易壁垒、降低贸易和投资成本，改变当前中国与沿线国家贸易结构不合理和贸易不平衡的问题。

第四，加强金融合作。共同推进亚洲基础设施投资银行、金砖国家开发银行筹建，扩大沿线国家双边本币互换、结算的范围和规模。

最后，加强人文合作。传承和弘扬丝绸之路友好和平、友谊、合作、发展的精神，尊重各国的文化习俗，在保护文化多样性的前提下开展多层次的交流活动，推动教育、旅游、文化、卫生等领域的合作，增进相互了解和传统友谊，为开展合作凝聚人心，奠定坚实的民意基础。

二、"一带一路"的时代意义

1. 现有国际体系及弊端

现有国际经济秩序主要反映了以美英为首的发达国家的利益和要求，存在众多弊端。主要表现在：

一是发展问题未得到足够的重视，现在许多发展中国家的贫穷状况并未得到很大的改变，一些发展中国家的相对实力甚至处于不升反降的状况。

当前发达国家在实现全球普遍、协调、均衡发展方面承担的责任显然不够。

二是多边贸易体制缺乏足够的开放、公平、公正。WTO 的决策程序缺乏民主性，对发展中国家优惠和特殊待遇条款可操作性欠佳，发展中成员很难真正受益。目前，WTO 多哈回合谈判陷入停滞，美国提出 TPP（跨太平洋战略经济伙伴关系协定）战略和 TTIP（跨大西洋贸易与投资伙伴关系协定），意图重新建立一个取代 WTO 的世界经济规则。作为世界第三大经济体的中国，却尚未受邀加入 TPP 和 TTIP 谈判。

三是国际金融体系脆弱性日渐显现。首先，在现行的国际货币金融体系中，美元处于"一统天下"的地位。2008 年国际经济危机表明这一货币金融体系使美国独享利益，但却由全球共担风险。其次，国际货币基金组织（IMF）、世界银行（WB）以及亚洲开发银行等国际金融机构的领导人基本来自欧美日等发达国家和地区。这些国际金融机构实质上沦为以美国为首的西方国家维护其经济霸权的工具。尽管在 2010 年 4 月和 11 月，WB 和 IMF 分别通过了发达国家向发展中国家转移投票权的改革方案（若改革方案得到实施，中国在这两大机构的投票权数将从原来的位列第六，一举超越德国、英国和法国，仅次于美国、日本，成为世界第三）；目前，WB 表决权改革方案已经完成，中国从位居第六跃至第三，但 IMF 表决权改革因美国方面的原因并未生效。现有的投票决策机制已经远远滞后于现有的国际经济分布格局；如 2014 年中国 GDP 规模是法国的近 4 倍，但投票权却仍居第 6 位，仅有 3.81%，低于法国的 4.29%。（前五国投票权如下：美国 16.75%、日本 6.23%、德国 5.81%、法国 4.29%、英国 4.29%）

2. 中国对现有国际体系的修正

世界需要一个健全的国际金融体系，需要一个"公平、安全、非歧视和可预测"的多边贸易体系。在当今国际经济秩序存在明显不足和缺陷的情况下，"一带一路"作为一个经济、社会领域的倡议，其提出具有重要的时代意义。

首先，有利于引领和帮助新兴市场国家和第三世界国家参与建设国际经济新秩序。随着发展中国家经济实力和国际影响力的不断提升，西方国家迟迟不愿重新审视国际经济与金融领域的平等和公正问题。然而，发展中国家发展需要大量的建设资金，光靠国际金融机构无法完全满足资金需求。在这种背景下，中国提出"一带一路"规划，筹备成立亚洲基础设施投资银行和金砖银行，为发展中国家金融合作提供了重要契机，有利于引领和帮助新兴市场国家和第三世界国家参与建设国际经济新秩序。

第二，"一带一路"倡议是实现中国企业"走出去"、人民币国际化、应对 TPP 和 TTIP 的非均衡挑战等重大内政外交战略的重要步骤。

第三，有利于推动国际体系朝着更加公正合理的方向发展，为世界和平稳定提供制度保障。当今世界，新兴市场国家和发展中国家整体实力增强，全球合作向多层次全方位拓展，国际多边体系面临扩大代表性、提升公正性、增强实效性的重要任务。包括中国在内的发展中国家纷纷呼吁携手应对新形势，共同制订新规则，推动国际体系朝着更加公正合理的方向发展，为世界和平稳定提供制度保障。"一带一路"倡议正提供了这一契机。

第四，有利于夯实世界经济长期稳定发展的基础。中国不仅要通过"一带一路"等途径打造中国经济和对外开放的升级版，而且还要不断拓展同世界各国特别是周边国家的互利合作。通过"一带一路"建设共同分享中国改革发展红利、中国发展的经验和教训，推动沿线国家间实现合作与对话，建立更加平等均衡的新型全球发展伙伴关系，有利于夯实世界经济长期稳定发展的基础。

最后，有利于实现全球经济再平衡。现有的国际经济秩序存在严重的结构性失衡。2008 年的全球金融危机既是这些失衡的必然结果，也使得这些缺陷暴露无遗。西方国家过度消费，政府举债度日；美国滥用其铸币权，导致国际货币体系动摇；全球金融体系系统性风险不断增高，热钱到处"流窜"，导致全球资产泡沫；国际自由贸易秩序正被区域"碎片化"的自贸板块逐步侵蚀。在这样一个复杂的世界经济环境中，相比较而言，只有中国有能力在求得自身可持续发展的前提下承担国际责任，去实现世界经济的再平衡。"一带一路"的推进落实将有利于实现全球经济再平衡。

三、总结

以中国为首的新兴国家的群体性崛起成为当今国际关系最显著的事实之一，也是当前国际格局变化最大的自变量。中国崛起所引发的最大的担忧是崛起国与守成国会不会陷入"修昔底德陷阱"？西方国家的答案显而易见，他们认为中国的崛起一定会改变西方国家所主导的国际秩序。因此，无论是奥巴马政府的"亚太再平衡战略"还是特朗普政府的"印太战略"都充满了对中国的防范与遏制意图。西方国家还散播"中国威胁论"，造成中国周边国家甚至广大亚非拉国家对中国的发展充满担忧。此外，从国内层面来看，经济供给侧结构性改革迫在眉睫，中国需要以更大的开放作为倒逼国内深层次的改革。在此背景之下，"一带一路"应运而生。中国领导人发出"一带一路"倡议，其出发点是完善当前国际治理体系，倡导用"人类命运共同体"代替"零和博弈"的对立思维，打造一个和平发展、合作共赢的世界，倡导"共商、共建、共享"的原则，打破西方崛起依靠殖民掠夺、武力压迫的历史规律。简而言之，"一带一路"倡议有其深刻的国际、国内背景，体现了东方智慧对完善当前国际治理体系的贡献，具有极强的现实意义和深远的历史意义。

参考文献

[1] 中华人民共和国商务部.推动共建丝绸之路经济带和 21 世纪 "海上丝绸之路" 的愿景与行动 [EB/OL].（2015.3.30）. http: //www.mofcom.gov.cn/article/resume/n/201504/20150400929655.shtml.

[2] 孙振宇."一带一路"战略的时代背景、风险与挑战以及几点建议 [J].政治经济学评论，2015，6（4）：5-8.

[3] 龚晓莺.新时代背景下"一带一路"战略实施的意义、面临的挑战及对策 [J].海派经济学，2018（1）.

[4] 吕彦瑶，周新辉."一带一路"战略思想的历史渊源及现实思考 [J].山东农业大学学报（社会科学版），2017，19（1）：119-123.

[5] 蒋振西.中美关系与世界格局的变化——对当前中美关系的思考 [J].和平与发展，2014（1）：20-27.

[6] 王逸舟.关于国际格局变迁与中国和平崛起的两点看法 [J].现代国际关系，2014（7）.

[7] 竺彩华.世界经济发展新态势与"一带一路"建设 [J].太平洋学报，2017，25（5）：55-67.

[8] 权衡.世界经济的结构性困境与发展新周期及中国的新贡献 [J].世界经济研究，2016（12）：3-11.

[9] 李克强.改革开放和结构调整推经济提质增效升级 [EB/OL].（2015-01-06）. http://www.gov.cn/guowuyuan/2015-01/06/content_2801455.htm.

[10] 王文，刘英."一带一路"完善国际治理体系 [J].东北亚论坛，2015（6）：57-66.

[11] 吴志成."一带一路"：以国际合作推进全球治理变革 [J].人民论坛·学术前沿，2017（8）：27-34.

第二章

海南省参与"一带一路"建设的政策研究

21 世纪 "海上丝绸之路" 两条路线交汇于南海, 海南受权管辖南海, 是面向东盟的前沿阵地, 海南参与 "一带一路" 建设具有重要的区位优势和拓展空间。

一、海南省参与 "一带一路" 建设的定位与目标

海南自古就是 "海上丝绸之路" 的重要中转站与开拓者, 是其形成的关键物资保障基地与战略支点。溯古知今, 特殊的地理位置和资源优势决定了海南是 21 世纪 "海上丝绸之路" 建设最直接的参与者、推动者和受益者, 具有不可替代的地位和作用。因此, 中央赋予了海南 "一带一路" 建设的战略支点功能。从这一功能定位上来看, 可包括以下几个层面:

(一) 21 世纪 "海上丝绸之路" 的门户

21 世纪 "海上丝绸之路" 主要有两个方向: 一是从中国沿海港口过南海到印度洋, 延伸至欧洲; 二是从中国沿海港口过南海到南太平洋。两条线路的方向都经过南海后到达其他地区, 南海是我国推动 21 世纪 "海上丝绸之路" 建设的前沿区和门户。

(二) 中国与东盟国家共建 21 世纪 "海上丝绸之路" 的试验区

就区位而言, 海南位于中国—东盟自贸区的中心位置, 海南与东盟地缘相近、气候相似、人文相亲, 双方在开展基础设施建设、港口互联互通、

产业园区和人文交流方面，均具有广阔空间。海南可作为中国与东盟国家开展 21 世纪"海上丝绸之路"建设的先行先试区域，在互信度高和实践经验积累的相关领域较快试点推进，为"一带一路"建设的多元宽领域合作积累实践基础。

（三）中国与东盟国家开展海上合作的平台

前些年，由于部分南海周边国家海洋政策调整和域外大国介入的影响，南海问题持续升温，冲击了南海周边国家的互信基础，直接影响南海地区推进 21 世纪"海上丝绸之路"建设。南海是 21 世纪"海上丝绸之路"的必经之地，但南海问题涉及的领土争端和海域划界争议在短时间也无法解决。因此，管控争议，推动南海地区在海洋事务领域的合作，无疑是南海周边国家的务实之选。2016 年下半年以来，在南海周边国家的积极努力下，南海局势降温趋缓。"南海行为准则"磋商和《南海各方行为宣言》框架下的海上合作均取得积极进展。截至 2018 年 6 月底，中国与东盟 11 国在中国湖南省长沙市举行落实《南海各方行为宣言》第 15 次高官会和第 24 次联合工作组会。如何将磋商通过实体项目落实合作，是中国与东盟国家急需考虑的问题。从功能定位和区域合作需要上来看，南海是中国与东盟国家开展海上合作的最重要载体。

（四）中国新时代对外开放的窗口

习近平总书记在庆祝海南建省办经济特区 30 周年大会上的重要讲话（以下简称习近平总书记"4·13"重要讲话）中提出，"支持海南全岛建设自由贸易试验区，支持海南逐步探索、稳步推进中国特色自由贸易港建设，分步骤、分阶段建立自由贸易港政策和制度体系。"随后，《中共中央国务院关于支持海南全面深化改革开放的指导意见》（以下简称中央 12 号文件）赋予了海南全面深化改革开放试验区、国家生态文明试验区、国际旅游消费中心和国家重大战略服务保障区（"三区一中心"）的新的战略定位，这意味着海南肩负着中国探索对外开放新路径的历史使命。自由贸易港是目前全球开放水平最高的特殊经济功能区，海南探索建设自由贸易港从某种意义上说是中国新时代对外开放的窗口。基于此，2018年10月，国务院印发了《中国（海南）自由贸易试验区总体方案》（以下简称《总体方案》），要求海南"加强'一带一路'国际合作"，按照"共商、共建、共享"的原则，构筑全方位、立体化开放通道。鼓励"一带一路"国家和地区参与自贸试验区建设。未来，海南将加强与"一带一路"国家和地区自由贸易园区在投资、贸易、金融、教育等方面的交流合作与功能对接。

二、海南省参与"一带一路"建设的优势

海南位于中国最南端，是中国唯一的热带岛屿省份，肩负着守护南海的特殊使命，地处改革开放的最前沿，探索建设自由贸易港。概括起来，海南具有"生态环境、经济特区、国际旅游岛、全岛自贸区"等优势，以特殊的历史、区位、政策、外交、交通、生态、人文、资源条件为依托。

一是区位优势。海南地处东亚和东南亚的中心位置，既是中国面向东盟地区的前沿地区，也是"泛南海经济圈"的核心地区。海南靠近国际海运主航道，拥有沿海、沿边和岛屿等地缘优势，海上交通十分便利，在发展海上物流、推进南海区域互联互通建设等方面具有独特的区域桥梁优势，具备发展旅游业和现代服务业的良好条件。海南紧邻港澳台和珠江三角洲经济发达地区，与越南、马来西亚、印尼、新加坡、文莱、菲律宾等东盟国家隔海相望。海南既可以将粤港澳大湾区作为经济腹地依托，对内加强与兄弟省份的互动交流，挖掘经济发展潜力，又能对外充分发挥辐射东南亚等经济发达和活跃地区的联动优势，进一步夯实经济发展基础。

二是资源优势。海南依海建省，受权管辖海域面积约200万平方千米，海岸线长1928千米，占全国总海岸线的十分之一，环海南岛沿岸有海口湾、三亚湾、棋子湾等60多个优质自然海湾，周边面积超过500平方米的海岛242个，加上南海诸岛和海域资源，为海南发展港航运输、临港产业、热带旅游、海上旅游等提供了良好的天然条件。海南拥有极其丰富的航运航道、海上与滨海旅游、海洋生物、海洋油气、海底矿物等海洋资源，具有"蓝

色聚宝盆"的美誉,是我国维护海洋权益、提高海洋科学技术水平(如探索深海科技)、开发海洋(清洁)资源、开展海洋事务合作、壮大海洋经济的重要平台。此外,海南作为热带海岛,热带自然资源丰富,有 4000 多种植物资源、6000 多平方千米热带天然森林,以及生态价值突出的珊瑚礁、红树林、海草床等典型的海洋生态系统,具备热带海洋特色产业的最好要素。

三是生态环境优势。以为海南人民和中外游客创造低碳、绿色、环保、幸福的生态环境为宗旨,海南加强了环境保护和相关的环境整治力度,生态环境稳居全国前列。海南的优良空气天数占全年的 99.5%,海南本岛及近海海水一、二类水质达到 95%。全省森林覆盖率在 60% 以上。

四是产业基础优势。近年来,海南实施"大企业进入、大项目带动和高科技支撑"的产业发展战略,通过洋浦保税港区、东方工业园区建设,与中海油、中石油等国内大型油气龙头企业合作,实施一系列石油化工项目,大大增强了海南产品的出口能力和原料的进口能力。洋浦已建成 800 万吨炼油、100 万吨 PET(聚对苯二甲酸乙二醇酯)、210 万吨 PTA(精对苯二甲酸)等石化开发项目以及成品油储备库、原油商业储备库等油气储备项目。海南的油气产业链一体化已具雏形。海南还加快发展新型服务业;积极推进海南生态软件园建设,面向东南亚开展服务外包业务;培育发展高新技术产业,推动海口国家海南创意产业园、高新产业园区、文昌航天发射中心等高新技术产业基地建设。热带农业是海南的特色农业也是优势产业。通过对内科技合作、研发新技术、加快产业结构调整升级,海南逐步建设成中国现代热带农业示范基地。海南已经拥有中国最重要的天然橡胶生产基地、农作物种子南繁基地、无规定动物疫病区和热带农业基地。根据《总体方案》,未来海南在既有农业产业的基础上,将建设全球动植物种质资源引进中转基地,探索建立中转隔离基地(保护区)、检疫中心、种质保存中心、种源交易中心。

国际旅游岛是海南的一张靓丽的名片,也让近年来海南的旅游业和现代服务产业迎来了发展的黄金时期。通过充分发挥热带与海洋的旅游资源的稀缺性，海南以市场需求为导向，设计推出多样化旅游服务产品，建成"环岛高铁"，进一步完善旅游交通网络。海南滨海旅游已积累了一定的产业规模。已经建成三亚亚龙湾、海棠湾、万宁神州半岛等一批海洋旅游度假区，推出了一大批海洋餐饮、海洋娱乐、海上渔家乐项目，涌现了一大批旅游企业，带动了现代服务业转型升级。此外，万泉乐城医疗旅游先行区、文昌航天主题公园，使得海南的旅游产品和旅游设施更加丰富、更加完善，为海南旅游品牌的树立增添了诸多支撑。

五是文化优势。海南和大海相伴相依，在长期的生产、生活过程中渐渐形成了一种独特的海洋文化。南海在历史上呈现出海上文化交流繁荣兴盛的景象。海南本岛、南海诸岛，特别是西沙群岛，在历史上就处于"海上丝绸之路"的要冲。早在唐代时期，海南就已经有为完成"海上丝绸之路"而专门设立的港口，许多前往东南亚地区的船只都选择在海南避风或进行补给。明清时期，这一现象更为明显，带动了海南本岛与内地之间的经贸联系。海南本岛和南海诸岛出土的大量古代"海上丝绸之路"的珍贵文物，见证了海南参与"海上丝绸之路"建设的历史。此外，海南渔民代代相传的南海《更路簿》，更是体现海南渔民的海洋文化形成和传承方式。

六是侨务资源优势。海南是中国与东南亚国家间商业贸易和文化交流的重要纽带。海南在与东南亚国家长期交流的过程中，形成了庞大的侨务资源，为海南与南海周边国家和地区的交流发挥了至关重要的作用。海南是我国三大侨乡之一，侨务资源优势明显，侨务文化氛围浓厚。目前，海南拥有100多万归侨、侨眷，同时有300多万琼籍华人、华侨聚居在东南亚各地，活跃于政、商、学各界，拥有较大的影响力。海南同乡会、海南会馆等海南元素社会团体遍布东盟地区，200多个东南亚华人、华侨组织与海南保持着经常性友好往来，促成了这一区域华人社会网络的形成。海外华侨、华人具有在语言和文化上融通中外的优势，在促进海南对外交流与合作等方面都发挥着重要作用。海南还先后与菲律宾、泰国、柬埔寨、越南、印尼、马来西亚等东南亚国家的有关省份建立了友城关系，人员往来密切，经贸交往活跃。

七是政策优势。自 1988 年建省以来，国家对海南的发展给予了较为充分的政策倾斜支持。海南是中国最大的经济特区、最大的自贸贸易区，具有采取特殊政策和灵活措施吸引外部资金进行开发建设的政策条件。海南还被赋予特区立法权、三沙市地方立法权，在对外经济活动中可以根据实际构建符合海南省情的法制环境和采取更为开放的政策，为开放型经济法制提供重要支撑。而就所处的地理位置而言，海南在基础设施建设、生态环境、社会民生方面还享有国家西部大开发政策。特别是在改革开放 40 周年、海南建省办特区 30 周年之际，中央支持海南全岛建自贸区，探索中国特色自由贸易港建设，为海南在体制机制创新、打造一流营商环境方面提供了历史机遇。《总体方案》更是对海南对外开放、体制机制创新、开展国际合作等多个方面进行了妥善安排。

三、海南省参与 21 世纪"海上丝绸之路"建设可为空间

为深度参与"一带一路"建设，海南可从全球的视野，从服务国家的大战略出发，并结合其 21 世纪"海上丝绸之路"战略支点功能、自贸区建设与自身优势，积极作为，主动拓展和其他国家的合作渠道，推进 21 世纪"海上丝绸之路"建设。

（一）充分发挥自身的地缘优势，推动南海区域合作和中国—东盟自贸区升级版建设

海南背临粤港澳大湾区，面向东南亚，处于中国—东盟自贸区中心位置，其紧紧抓住南海局势趋缓降温、南海地区国家对经济发展的诉求、中国深化改革开放的窗口期，利用南海的地缘纽带作用，围绕经济和社会发展，倡导构建"泛南海经济合作圈"，推动南海周边国家和地区加强区域合作，共同发展。从加强国内资源整合来看，海南建设自贸区、探索建设自由贸易港，肩负着中国新时代改革开放的重大使命。海南应加强与广东、

广西、福建、台湾等沿南海省份（市、自治区）的交流合作，继续推动泛珠三角区域合作，深化琼港澳交流合作，积极推动与台湾地区的互动交流。对外，充分发挥海南的区位优势，以我国沿南海经济带和其他沿南海国家为范围，倡导构建一个以南海为中心的大型区域海上经济区，即"泛南海经济合作圈"。借鉴"澜沧江湄公河合作机制"的实践经验，通过次区域合作逐步拓展至广大地区，为21世纪"海上丝绸之路"战略的顺利实施提供合作试验区。

（二）发挥博鳌亚洲论坛等国际化机制交流平台作用

整合政府、企业、科研、媒体等各种资源，利用南海议题分论坛、21世纪海上丝绸之路岛屿经济分论坛等，就海南如何更好地参与21世纪"海上丝绸之路"进行研讨，研提有关的重大布局、重大合作项目和实施路径，为下一步展开实质性合作奠定基础。同时，充分利用博鳌已有的品牌效应，加强策划和运筹，推进博鳌公共外交示范基地、三亚国家首脑外交和休闲外交基地、万宁中非交流合作促进基地和海口国家级侨务工作交流示范区建设。

（三）加强与东南亚国家、非洲地区国家发展经验交流，促进共同发展

海南办经济特区、实行"多规合一"改革、创建产业园区等既有的发展理念和模式，热带地区的铁路和高速公路建设等均可为东南亚和非洲国家制定经济社会发展规划、开展社会管理、基础设施建设等提供可资借鉴的经验。海南可与这些地区国家开展相关领域的交流与合作，推进共同发展。同时，海南可以建设自由贸易试验区为契机，加强与沿线国家的市场监管及海关、贸易畅通等领域的合作，推动海南成为"一带一路"国际合作的窗口和平台。

（四）加强海南与"一带一路"沿线国家的港口互联互通

目前，海南已形成北有海口港，西有洋浦港区、八所港区，南有三亚港，东有清澜港区的"四方五港"格局。在自贸区建设背景下，海南将有序推进港口资源整合和琼州海峡一体化发展。鉴此,海南可加强与东南亚国家在港口基础设施和港口互联互通领域合作,通过港口联动发展,推动区域经济和物流产业的快速发展。

(五)推动海南与"一带一路"沿线国家的空中丝路建设

目前海南已开通近60条国际航线,并计划未来2年增至100条。海南可借扩大航权开放的政策安排继续加密海南直达全球主要城市的国际航线,并通过空港联动推动海南立体运输体系建设,同时有效抵消海南独立地理单元、缺乏战略腹地的不足。

(六)深化与"一带一路"沿线国家热带农业合作,推进相关国家"减贫惠民合作计划"落地实施

结合海南未来将打造国家热带农业科学中心、建设全球动植物种质资源引进中转基地,以及越南、老挝等东盟国家和非洲国家农业现代化的需要,海南可充分发挥南繁育种基地的技术优势和热带农业的人才优势,在既有的农业产业园区合作基础上,探索延伸农产品产后处理、精深加工、物流仓储及贸易等产业链,推动海南与相关国家农业经济深层次合作。

(七)积极开展与"一带一路"沿线国家的旅游合作,密切人文往来

目前,海南享有59国人员入境旅游免签的特殊政策,同时《中国(海南)自由贸易试验区总体方案》提出支持"一带一路"参与国家在海南设立领事机构。基此,海南可结合国际旅游岛建设,同沿线国家联合开发热带旅游、南海邮轮旅游品牌,合作设计联程的休闲度假、丛林探险、沙滩运动等旅游产品,推动旅游合作迈上新台阶。

(八)积极推动与"一带一路"沿线国家开展青年人才培养和职业技能培训合作,为与沿线国家开展长期的多领域合作提供人才支持

海南可利用本地高校和科研院所资源,同东南亚国家、非洲国家和地区开展热带农业、海洋治理、旅游管理、医疗健康等领域的人才培养和职业技能培训合作,为双方深度合作夯实基础。此外,也可通过省内高校加强同沿"路"国家高校的交流与互动,搭建青年人才联合培养平台。

(九)加强智力保障基地建设,建立 21 世纪"海上丝绸之路"智力支撑体系

海南可充分发挥中国南海研究院、中国(海南)改革发展研究院和高校,同沿线国家开展智库战略合作和联合课题研究,构建"二轨"交流机制,智力支撑"一带一路"建设相关项目的落地实施。

(十)积极运筹规划中国—东盟海上合作基金的使用,启动海南与东盟国家的海上务实合作项目,促进南海海上共同开发

2011 年,中方宣布设立 30 亿的中国—东盟海上合作基金,推动双方海洋科研与环保,互联互通、航行安全与搜救以及打击跨国犯罪等领域的合作。海南可积极推动与东盟国家的港口开展互联互通、港口基建、海洋经济产业、滨海文化旅游等方面的合作,将海南打造成为南海资源开发和21 世纪"海上丝绸之路"建设的物流基地、服务基地和后勤保障基地。

四、海口参与"一带一路"建设的现状与前景

海口市作为海南的省会城市,21 世纪"海上丝绸之路"重要支点城市,近年来在对外开放和国际合作取得积极的进展。

(一)深化政府合作交流

一是参加国际城市组织,扩大对外交往渠道。近年来,海口市先后加入世界城市和地方政府联合组织(UCLG)、世界大都市协会(Metropolis)、亚洲市长论坛(AMF)等城市和地方政府国际组织,并通过上述平台有效地宣传推介了海口。二是稳步推进友城交往,推动实质性交流合作。自1990 年开展国际友好城市工作以来,海口已与世界 26 个国家 30 个城市缔结友好关系,遍布全球五大洲,其中在"一带一路"沿线的友好国家和地区有 20 多个。

(二)基础设施互联互通

一是海口正与广东联手推动湛江—海口高铁建设,从而将海南环岛高速铁路与全国的高速铁路网实现互联互通。二是港口建设加速推进。海口港作为全国 25 个主要枢纽港之一，属国家一类开放口岸。目前海口作为环北部湾的中转港、枢纽港来进行布线，南北干线、环北部湾的支线相衔接。如今，海口港集装箱内贸航线已开通近 30 条支干线，覆盖了华南、东北、华东、华北等地区的沿海主要港口及长江水系的主要港口；外贸航线则通过香港支线覆盖全球，通过胡志明市直达航线辐射东南亚。三是空中航线稳步推进。目前，海口美兰国际机场开设 249 条航线，通航境内外城市达到 139 条航线。2017 年全年，美兰机场累计执飞航班 156065 架次、共计运输旅客 2258 万人次、货邮行吞吐量突破 30 万吨，同比分别增长 17.5%、20%、9.28%。此外，海口市正加快美兰机场二期扩建，设计容量 3500 万人次，提高国际国内航空运输中转联动能力，致力于把美兰机场打造成为连接内陆与东南亚及洲际的国际航空转运枢纽。

（三）促进投资贸易合作

一是构建与东盟国家对话机制，深化区域交流合作。海口与东盟国家地缘相近、人缘相亲、商脉相连，区域间合作空间巨大。为促进海口与东盟的交流与合作，自 2008 年起每年定期举办"海口—东盟国家总领馆对话会"，建立交流对话机制，寻求区域间合作共赢。"海口—东盟国家总领馆对话会"已连续举办 10 届，密切了海口与东盟各国在旅游、港口物流业、产业转移和现代高效农业等领域的往来。二是深化开发开放新机制，加快海口邮轮母港建设。目前海口港邮轮码头建设已初具规模，具有接待 7 万吨级大型豪华国际邮轮的基本条件，开通了至越南的邮轮航线。三是以创新合作机制为重要内容，加强区域经济合作。积极融入"泛珠三角"区域，加强与粤港澳大湾区的联动与交流。

（四）加大文化体育交流

海南与东南亚国家地缘相近、人文相亲，有着悠久的往来历史，与各国的文化经贸往来十分频繁，并且日益紧密。

海口有旅居海外的华人华侨、港澳同胞 50 多万人，同时具有开放包容的文化特质，宽松自由的社会氛围，鼓励创新的制度环境，有着得天独厚的优势。一是积极开展电影节、旅游节等文化交流活动。二是举办各类体育赛事。近年来，海口成功举办了亚洲高尔夫旅游大会、国际沙滩马拉松等一系列具有国际影响力的体育赛事。

（五）海口进一步参与"一带一路"建设的举措与前景

1. 发挥地缘优势，打造重要门户和枢纽

一是建设港口设施完善、航运资源集聚、航运服务主要功能完备、航运市场秩序良好的面向东南亚背靠华南腹地具有资源配置能力的区域性航运枢纽。二是以海南自贸区优惠政策为突破，重点引进和培育一批具有区域服务能力的生产性服务企业，形成功能突出的现代服务业集聚地。三是提升海口国家高新区产业开放合作水平。进一步梳理高新园区产业布局，加快完善服务配套设施，开展园区互动、园区联合、园区融合的发展模式，推动"一带一路"战略项目在园区落地。加强与国外先进地区的高端链接，不断创新开放合作模式和机制，全面提升园区开放合作水平，支持企业参与国际合作，在海外市场开展工业技术及产品认证，开展并购、参股，发展自主品牌或收购品牌，提升企业国际化发展水平。加大"走出去"企业的扶持力度，强化境外投资信息咨询服务，建立境外投资的促进服务体系。

2. 深化区域合作，深化人文交流合作

一是借助国际友好城市，按照"一城一事"和"一城多事"的原则，开展经贸、文化、教育等领域的交流与合作。二是充分发挥海外琼籍华人华侨的纽带作用。推进"世界华侨华人交流中心"（"海口国家侨务交流示范区"）项目建设，开展海外联谊和华文教育的重要平台，推动以文化合作交流为主要载体的民间交往，增进与香港、澳门、台湾同胞和海外侨胞的联系。设立侨商园区，吸引丝路沿线国家的侨商前来投资，借助东南亚地区侨胞的雄厚经济科技实力、成熟的生产营销网络、广泛的政界商界人脉以及沟通中外的独特优势，发挥华商经济在促进区域经济一体化中的作用。三是积极推进布建着眼于"一带一路"的人才联络站，引进创新创业

的海外高层次才和来我市提供咨询与培训服务的外国专家，为海口经济发展提供智力支持。四是深化区域交流合作，包括深化环北部湾口岸部门及港口企业合作，推进泛珠三角地区海关区域通关一体化建设。

五、三亚参与"一带一路"建设的现状与前景

近年来，三亚以建设国际化热带滨海旅游精品城市为抓手，在基础设施建设、旅游开放、经贸合作、人文交流等领域积极作为，取得了初步成效。

（一）建设综合立体通道，促进基础设施互联互通

三亚市按照海上合作战略支点城市和国际门户机场的功能定位，积极推动航空网络及临空经济区建设；以凤凰岛邮轮港为载体，引进中国交建、港中旅等有实力的大企业，大力推进"三亚邮轮经济区"建设，为产业经济的外向拓展进一步筑牢设施基础。

（二）深化旅游开放合作，积极打造以旅游业为龙头的现代服务业合作战略支点

一是提高旅游业开放程度。积极对接国家空管委，优化调整了三亚地区航路航线，出台了鼓励民用航空业发展财政补贴实施办法，不断深化与重点旅游客源国航空港合作；以良好邮轮产业基础和有利的政策环境，积极吸引国际邮轮到访、停靠三亚，策划海上丝路邮轮旅游航线，大力提升邮轮产业发展水平。二是大力打造旅游精品项目。进一步加快"吃、住、行、游、购、娱"等要素的国际化改造，先后引进了喜来登、香格里拉、凯宾斯基、丽思卡尔顿等多家跨国连锁酒店管理集团，目前三亚全市高星级国际品牌酒店达到50余家；免税购物、会展旅游、婚庆蜜月、邮轮游艇、低空旅游等业态保持了较快发展的良好势头。三是积极培育壮大现代服务业。以海棠湾现代服务业产业园、崖州创意产业园等园区为载体，以亚特兰蒂斯、恒大哈佛医院等产业类项目为依托，大力推动以休闲旅游、医疗健康、智慧产业为重点的现代服务业产业发展；抓住规划建设国家级南繁基地的契机，积极吸引大型种业企业、研发机构落户三亚；充分发挥南繁

科技人才、科技成果及信息资源的聚集优势，加快南繁科研育制种保护区规划和建设，打造南繁科研交流平台和现代种业交易中心，推动南繁育制种产业化。

（三）强化海洋经济合作，构建南海开发重要平台

一是着力推进海洋渔业结构的战略性调整。积极推动了三亚渔民近海捕捞向外海捕捞的转变。二是大力提升海洋科学研究水平。发挥中科院三亚深海所科研技术优势，打造国际一流的深海科学研究和教育机构，构筑与深海科学与工程技术相关的科研—教育—产业创新联合体；支持海南热带海洋学院建设，加强与新加坡等东盟大学海洋科技合作，深化海洋资源开发领域的研究，助推海洋资源开发利用。三是谋划建设三亚（南海）应急救援基地。依托基地开展与东盟国家海上联合搜寻与救助、防治船舶防污染等方面的务实合作，提高南海开发保障服务能力。

（四）提升经贸合作水平，促进对外贸易往来畅通

近年来，三亚着力优化进出口商品结构，重点加大对海产品、免脱品、游艇、帆船、摩托艇、医疗器械及生活消费品的进出口力度。

（五）强化人文交流，促进丝绸之路民心相通

一是积极参与和服务公共外交。近年来，三亚市先后为金砖国家领导人峰会、博鳌亚洲论坛年会相关活动等国事活动提供了服务保障，成功举办了沃尔沃环球帆船赛、世界旅游旅行大会、国际财经论坛、中国—东盟旅游发展研讨会等具有重要国际影响力的赛事、论坛及学术交流活动。二是强化友城合作。目前三亚市已和韩国西归浦市、法国戛纳市等11个国外城市建立了友好城市关系；与美国迈阿密市、日本鸭川市等7个国际城市建立了国际友好交流关系城市；与意大利维亚雷焦市、英国黑池市2个城市签订了建立友好城市意向书。同时积极强化国际教育交流合作，三亚加拿大国际学校已建成招生，在海南热带海洋学院建立东盟教育培训中心，不断深化与东南亚国家和友好地区的教育合作。

六、总结

海南地处南海之滨，是中国面向东南亚国家的重要门户，因此在"一带一路"倡议的实践中，中央赋予了海南21世纪"海上丝绸之路"建设的重要战略支点的地位，目的是打造海南成为中国面向太平洋—印度洋的门户。此外，海南还是中国唯一的热带岛屿省份，热带资源丰富，形成中国对外开放的独特优势。海南受权管辖200多万平方千米的南海海域，处于中国向东南亚国家开放以及南海维权维稳的第一线。因此，无论从资源禀赋、战略地位来看，海南对于"一带一路"建设的重要性不言而喻。"一带一路"倡议提出并实施五年多以来，海南与"一带一路"参与国家在政策沟通、互联互通、贸易畅通、民心相通等方面取得了重大进展，海口、三亚等城市成为参与"一带一路"建设的耀眼明星。当前，海南正在全岛推进自贸试验区建设，在中央的大力支持下，海南参与"一带一路"建设必将取得丰硕成果。

参考文献

[1] 郭敏，卢红飚.21世纪海上丝绸之路战略格局下的海南定位 [J].中共贵州省委党校学报，2016（1）.

[2] 付业勤,李勇."一带一路"战略与海南"中国旅游特区"发展[J].热带地理，2015（9）：35-5.

[3] 郭克莎.推进海南国际旅游岛建设的几点看法 [C]."一带一路"与海南国际旅游岛建设高端论坛，2015（11）.

[4] 海南参加"一带一路"战略.桥头堡地位不可替代[EB/OL]（2015-03-18）.http：//www.bluehn.com/finance/news/content/2015/0318/299.html.

[5] 王伟.海南参与21世纪海上丝绸之路南海基地建设研究 [J].海南大学，2016.

[6] 海南海外乡亲.海商要积极参与"一带一路"建设 [EB/OL].（2015-11-01）.http：//www.chinanews.com/hr/2015/11-01/7599902.shtml.

[7] 国务院侨办主任裘援平.海南要挖掘侨乡优势融入一带一路建设[EB/OL].
（2015-03-29）.http://news.163.com/15/0329/15/ALSPRD4M00014AED.html.

[8] 海南文昌发挥侨乡优势 积极融入"一带一路"战略 [EB/OL].（2016-05-
19）[2017-01-23]. http://www.chinaqw.com/gqqj/2016/05-19/88961.
shtml.

[9] 李飞虎.海南打造"一带一路"桥头堡的比较优势研究 [J].法制博览，
2016（8）.

[10] 海南国际旅游岛建设发展规划纲要（2010—2020）[EB/OL]. http://
tourism.hainan.gov.cn/Goverment/lvyoudao/jiansheguihua.

[11] 王胜，张东东，刘从勇.巧用博鳌论坛平台，参与海上丝路建设 [N].
海南日报，2015-3-24.

[12] "一带一路"有海南——写在博鳌亚洲论坛2015年年会之际 [N].海南
日报，2015-3-27.

[13] 海南积极参与"一带一路" [EB/OL].（2014-12-25）.http://paper.people.
com.cn/rmrb/html/2014-12/25/nw.D110000renmrb_20141225_9-02.
htm.

[14] 找准海南定位，用足利好政策 [N].海南日报，2016-3-14.

[15] 周伟.21世纪"海上丝绸之路"建设：海南的角色与作用南海周刊
[J].2016（6）：2-2.

[16] 陈耀."一带一路"与海南的旅游国际化 [C]，"一带一路"与海南国际
旅游岛建设高端论坛，2015（11）.

[17] 白雪洁.海洋型城市功能定位与海南发展海洋产业的思考——基于日本
函馆的案例 [C]."一带一路"与海南国际旅游岛建设高端论坛，2015（11）.

[18] 周鑫宇."一带一路"与中国国际角色转变：对地方政府的转变 [C]."一
带一路"与海南国际旅游岛建设高端论坛，2015（11）.

第三章

福建省参与"一带一路"建设的政策研究

福建省是 21 世纪"海上丝绸之路"建设的核心区，是古代海上丝绸之路的重要起点，是海峡两岸互联互通的重要通道，拥有独特的区位优势、历史优势、人文优势、政策优势、海洋经济优势等，在海上丝绸之路的建设中具有重要的作用和价值。明确福建省在 21 世纪"海上丝绸之路"战略上中的定位，深入研究国家和福建省推动 21 世纪"海上丝绸之路"倡议的相关政策与布局，对于促进福建本省发展，共建 21 世纪"海上丝绸之路"具有重要的意义。

一、21 世纪"海上丝绸之路"核心区建设

（一）福建省在 21 世纪"海上丝绸之路"战略中的定位与目标

经国务院授权，国家发展改革委、外交部、商务部发布的《推动共建丝绸之路经济带和 21 世纪"海上丝绸之路"的愿景与行动》，对福建的定位是 21 世纪"海上丝绸之路"核心区。

为加快建设 21 世纪"海上丝绸之路"核心区，福建省应当坚持服务全局，从福建省实际出发，发挥其独特优势，加强同海上丝绸之路沿线国家和地区的合作，在政府引导下，在多方力量的支持下，紧抓重点方向和项目，稳步实施推动。致力于将福建省打造成为 21 世纪"海上丝绸之路"互联互通建设的重要枢纽、经贸合作的前沿平台、体制机制创新的先行区域、

人文交流的重要纽带。[1]

福建省在发展布局上充分调动各地优势，支持泉州市建设"海上丝绸之路"先行区，发挥其作为海上丝绸之路起点，以及港澳台祖籍地和侨乡等优势。福州、厦门、平潭等港口城市建设海上合作战略支点，发挥其产业基础坚实、优良港湾众多、政策资源叠加等优势。三明、南平、龙岩等市建设海上丝绸之路腹地拓展重要支撑，发挥其生态、旅游、特殊文化等优势。努力把福建打造成为海陆联通、内外兼济、特色突出、服务全局的21世纪"海上丝绸之路"重要桥头堡和核心区，成为机制活、产业优、百姓富、生态美的新福建。[2]

争取5年内，福建与海上丝绸之路沿线国家和地区以及台湾地区经济合作取得初步进展，产业建设及投资环境基本实现制度化、规范化，对外开放格局初具模型，成为全国深化改革扩大开放的排头兵和试验田。10年内，福建基本形成完善的市场体系、规范的市场环境，与海上丝绸之路沿线国家和地区在经贸、旅游、人文等方面交流合作常态化、制度化，成为我国构建全方位开放格局以及推动21世纪"海上丝绸之路"建设的真正桥头堡和核心区。

（二）福建省作为21世纪"海上丝绸之路"核心区的条件与优势

作为21世纪"海上丝绸之路"核心区，对于福建来说是一次重要的发展机遇。福建省不是大省强省，被选为21世纪"海上丝绸之路"核心区，有着其特殊的地位和优势。

一是历史地位独特。福建省不仅是古代海上丝绸之路的重要起点和重要发祥地，还是少数以不同方式和不同形式延续至今"活着的海上丝绸之路"的重要区域和节点。泉州在宋元时期是海上丝绸之路的主要港口，被誉为"东方第一大港"，曾与多达百个国家密切往来，贸易盛极一时。[3]此外，福州港历史上也是我国东南沿海的重要通商口岸，漳州在明后期至清代前期是中国东南沿海海外贸易中心等。

二是政策叠加优势突出。福建省除了是21世纪"海上丝绸之路"核心区之外，还是我国重点自贸试验区。二者都是福建省对外开放的重要载体，能够相互推动、相互促进。福建自贸试验区可以为"海上丝绸之路"核心区建设提供抓手和窗口，"海上丝绸之路"核心区建设能够为福建自贸区发展提供整体布局和全面指引。

二是建设"海上丝绸之路"人脉优势显著。据统计，东南亚福建籍华侨超过1200万人，他们已经融入"海上丝绸之路"沿线国家和地区的各个领域，有着可观的社会影响力。充分调动海外侨胞参与"海上丝绸之路"建设，是福建省区别于其他地区重要特色。

四是福建省是少有的"五通"俱全的省份。《愿景与行动》指出，"一带一路"建设主要内容包括"政策沟通、设施联通、贸易畅通、资金融通、民心相通"。前"四通"或许容易做到，但唯独民心相通最难达成。福建省作为我国对外开放的前沿省份，不仅做到前"四通"，而且从古至今都是连接海外的桥梁，是中国与外界来往的重要窗口，扮演着"活海上丝绸之路"的重要起点与支点，在民心相通方面具有独特优势。

（三）福建省建设21世纪"海上丝绸之路"核心区的对策建议

为加快21世纪"海上丝绸之路"核心区建设，福建省要以互联互通为基础、以产业合作为主线，以人文交流为支撑，以闽台交流为重点，稳步推进。

一是完善互联互通，打通经贸合作通道。福建省一方面应当加快公路、铁路、航空、港口等交通枢纽的建设，另一方面要完善通关口岸体系建设以及现代信息通道建设。全方位促进与海上丝绸之路沿线国家和地区的互联互通，推动信息传输与共享，货物通关与人员往来便利化，打通同海上丝绸之路沿线国家经贸合作通道。[4]

二是搭建互动平台，推进相关领域合作。福建省应当与海上丝绸之路沿线国家和地区在农业、能源、旅游、海洋等领域加强合作。推进福建自贸区建设，加强对外贸易与投资水平，通过加深合作，与沿线国家和地区互通有无，将福建省建设为海上丝绸之路合作先行试验区。

三是密切人文交流，实现民心相通。海上丝绸之路不仅是经贸之路，更是一条连接不同国家、不同民族的文化之路。福建省应当深度挖掘海上丝绸之路丰富的历史文化内涵，构筑文化交流平台。与东盟国家相关城市缔结友好城市，加强彼此互动。利用侨乡优势，加强情感联系，激发侨商参与建设热情密切交流。

五是发挥区位优势,加强闽台合作。福建省应当发挥其对台的特殊优势，深化闽台经贸合作,促进核心区建设。同时加强闽台间人员往来与人文交流，加快闽南文化生态保护实验区和客家文化、妈祖文化等载体建设，更好地传承与弘扬中华文化。

六是加强保障措施，助力核心区建设。在核心区建设过程中，福建省应当争取国家政策和资金的支持力度，统筹安排各部门之间的工作，加大人才的培养和引进力度，强化人才的支撑作用，同时做好风险评估和防范工作，加强预警体系建设。

二、中国（福建）自由贸易试验区建设

2015 年 4 月，由党中央、国务院决定，建立中国（福建）自由贸易试验区（以下简称自贸试验区）。这是在全面推进 21 世纪"海上丝绸之路"的新形势下，促进福建省改革开放，加快发展的重要举措。

为贯彻落实福建省自贸实验区建设，要求福建省以立足两岸为基础，以服务全国为要求，以面向世界为目标，利用好自贸实验区的先行优势和机遇，将福建打造为面向 21 世纪"海上丝绸之路"沿线国家和地区开放合作新高地。

（一）福建自贸试验区建设的整体布局和发展目标

福建省自贸实验区在区位布局上有 118.04 平方千米，主要包括平潭、厦门、福州三个片区。其中平潭片区 43 平方千米，厦门片区 43.78 平方千米，福州片区 31.26 平方千米。

平潭片区主要是布局港口经贸区、高新技术产业区和旅游商贸休闲区

三个功能区。应当加速其港口开发和商务中心的建设，发挥其作为对台和国际经贸的"出海通道"的作用；使其成为物流、商贸、电子等产业的聚集区。同时加强高新科技的发展，致力于将其打造为研发总部、海洋生物及医药、高端装备制造等集聚区。此外，发挥平潭的旅游资源优势，加快形成滨海旅游、两岸旅游聚集区，争取将平潭打造成为国际旅游岛。

厦门片区主要是布局两岸贸易中心核心区、东南国际航运中心海沧港区两个功能区。应当充分挖掘潜力，大力发展其国际贸易、金融商务、临空产业及其邮轮航母产业，并形成相关产业集聚区。充分利用厦门优良的港口和航运条件，将其发展成为航运物流、临港产业以及新兴服务业集聚区。

福州片区主要布局福州经济技术开发区和福州保税港区2两个功能区。应当充分利用其台商投资区、保税区、出口加工区、高新园区的功能优势，打造福州经济技术开发区。利用江阴深水港区和航道条件，提升航运功能，加速建设江阴港口物流区、新厝加工贸易区，带动区域产业发展。

三片区根据自己的独特优势、发展重点、产业基础以及资源环境承载能力也形成不同目标和定位。平潭片区的定位是建设对台投资贸易自由先行区、服务台胞生产生活示范区、两岸高端制造业融合发展平台和国际旅游岛，并逐步向国际自由港拓展。厦门片区的目标是建设东南国际航运中心、两岸贸易中心、两岸区域性金融服务中心以及新兴产业和现代服务业合作示范区。福州片区重点事建设先进制造业基地、21世纪"海上丝绸之路"沿线国家和地区交流合作的重要平台、两岸服务贸易与金融创新合作示范区。[5]

（二）福建作为自贸试验区的显著优势和存在挑战

福建省自贸实验区建设具有独特的优势。一方面有外部发展环境的支持，发展机遇明显。另一方面有良好的产业基础，航运、贸易、物流、金融等方面综合实力强大，业务功能丰富。

一是良好的外部环境和发展机遇。福建自贸试验区建设顺应了国际投资贸易发展新趋势，国家支持福建加快发展政策叠加的新效应，21世纪"海上丝绸之路"核心区建设的新契机，以及两岸产业合作持续深化的新动力等发展机遇。福建省应当抓住中央赋予福建优惠政策的机遇，实现产业高端、集约、智能、跨越发展。

二是自身良好的产业基础和发展条件。福建自贸试验区是在平潭综合实验区、象屿保税区、海沧保税港区等区域基础上的进一步建设，基础好、平台高，对后期建设有一定推动作用。同时发展条件优越，航运、贸易、物流、金融等各类产业蓬勃发展，先进制造业聚集，对周边地区地区辐射作用大、带动作用强。此外，对外开放基础好，对台合作成效突出，优势明显。

第一，港口航运便利。福建自贸试验区包括海沧港区、东渡港区、江阴港区（1-9 号泊位）、平潭港区等全省港口、岸线、航线资源较为优越的港区，万吨级以上深水泊位 67 个，吞吐量大，集装箱于 2014 年吞吐量突破 1000 万标箱。航线众多，港区业务繁忙，经济基础坚实。

第二，贸易物流蓬勃发展。福建自贸试验区内集聚的贸易类和物流类企业主要从事冷链物流、城市物流、保税仓储、分拨、配送和国际贸易、转口贸易等业务；以外向经济为主要业务的各类功能性机构和市场主体将加快集聚，贸易物流将呈现快速发展态势。

第三，金融服务加速崛起。福建自贸试验区为贸易、航运、物流、航空服务的金融服务业初具规模，其中大宗商品贸易融资、融资租赁、外保内贷、商业票据等金融业务发展迅速，尤其是两岸跨境人民币业务创新进行了较为深入探索和尝试。

第四，制造业集聚发展。福建自贸试验区内的福州经济技术开发区、福州保税港区加工贸易区、海沧港区出口加工区、平潭综合实验区港口经贸区都具有一定的制造业产业基础，形成了电子信息、海洋生物及医药、智能装备等产业集群。

第五，对外开放基础好，对台合作优势明显。福建省一些城市本身就是开发特区，对外开放历史悠久，基础良好，在福建省自贸试验区政策的推动下，开放力度和发展规模将进一步扩大。同时福建省与台湾隔海相望，区位优势明显，福建省自贸实验区是连接台湾的平台，是福建乃至大陆同台湾互相交流的桥梁和纽带。全方位、多层次、宽领域的闽台交流也为福建自贸试验区开展两岸贸易、投资、金融服务、产业合作、文化交流、社会事业、人员往来等领域合作提供了良好基础和优越条件。

三是福建省自贸试验区发展面临的挑战。福建自贸实验区的发展也面临一定的挑战。从外部环境来说，首先是面对国际投资贸易规则重构，福建主要是发展外向型经济，国际贸易格局的挑战，各国贸易保护主义的扩大和贸易壁垒的加深，对其都会产生巨大的影响。其次是区域竞争压力加大，除福建之外，还有广东、天津、上海三个自贸试验区，虽然发展重点不同，但依然存在竞争态势。同时，对台合作交流是独特优势，但当前其他省份和地区与台湾交流合作也呈上升趋势，对福建的优势构成一定挑战。

从自身要求来说，首先是国际市场和经济腹地有待进一步拓展。福建自贸试验区主要是同东盟和欧美国家以及省份周边地区交流合作居多，同其他国家和大陆经济腹地合作薄弱，有待进一步的拓展和加深。其次是产业规模和层次需进一步壮大和提升，福建省自贸试验区目前产业规模较小，现代服务业发展不足，高端制造业优势不明显。因此进一步扩大发展规模，弥补不足，不断整合出新是福建自贸试验区亟待提高的事项。[6]

（三）福建省加快自贸试验区建设的主要任务和措施建议

为了充分发挥福建省自贸试验区外在机遇及自身基础和条件优势，形成深化改革动力并实现产业发展目标，把福建自贸试验区建设成为改革创新试验区，两岸交流合作示范区以及 21 世纪"海上丝绸之路"的核心区，要求福建省集中力量、集聚资源，采取切实可行的措施推动福建自贸试验区各项目标的实现和任务的完成。

一是转变政府职能，提高行政效率。政府作为福建自贸试验区建设的总指挥和总协调，在自贸试验区政策制定，工作统筹和执行安排上发挥着统领的作用。因此，福建省各级政府首先应当深化行政管理体制改革，按照国际化、市场化、法治化要求，加快推进政府管理模式创新，使政府的工作标准化、规范化、高效化。同时，政府还要积极探索创新的管理模式，简化行政审批程序，促进各项贸易和投资的便利化，加快贸易投资体系的构建。

二是着力推进重点产业的发展。福建自贸试验区应当立足其产业发展基础，按照自贸试验区产业发展目标要求，重点发展国际商贸、航运服务、现代物流、金融服务、新兴服务、旅游服务和高端制造七大产业，集聚发展总部经济、平台经济、离岸经济等新业态，加快产业转型升级，深化功能创新，打造福建产业发展新高地。

国际商贸业方面，福建自贸试验区应当围绕两岸自由贸易合作示范区、两岸贸易中心建设，重点发展商品交易、保税展示交易、跨境电子商务等业务。在港口航运方面，应当以建设平潭海峡航运服务基地、厦门东南国际航运中心和福州21世纪"海上丝绸之路"航运物流枢纽为目标，重点发展港口服务、国内外中转服务、基础航运服务、高端航运服务、厦门空港综合服务等业态。在现代物流业方面，应当重点发展对台专项物流，大力发展国际中转物流等，促进福建自贸试验区物流的网络化和规模化。在金融服务业方面，应当推进与台湾的金融合作，加速跨境金融的发展，力争成为两岸及跨境金融服务中心。在新兴服务业方面，扩展在文化创意、社会服务、会展服务等新兴服务领域的发展，完善自贸试验区的发展领域，创造新的产业点。在旅游服务业方面，着力发展邮轮、滨海、养生等各类旅游，打造国际休闲旅游胜地。在高端制造业方面，依靠自贸试验区政策优势，在电子信息、海洋生物、智能装备等领域积极创新，将福建打造成为智能制造、高端创新的示范区。

三是统筹各片区发展。福建自贸试验区应当根据各片区实际情况，结合各片区产业基础和资源环境特点，发挥各片区的特色与优势，增强集聚效应，实现差异发展。同时应当优化片区资源配置，提高资源利用效能。自贸试验区内各片区应当加强产业协作，带动区域联动发展。

首先,需要加强各片区的特色发展。平潭、厦门和福州各地发展的优势、定位和目标各不相同,应当发挥其各自的特色,有所侧重地推动其差异发展,使各自片区能够最大化其资源整合利用,更高水平更大程度实现其发展目标。

其次,需要加强片区内统筹发展。各片区的共同目标都是助力福建自贸试验区建设,发挥福建在 21 世纪"海上丝绸之路"上的核心作用。各片区应当在各自优势与特色基础上,形成有机整体和辐射带动作用,共同服务于福建自贸试验区的整体建设。同时,应当建立适当的区域联动发展机制,大力推动区内区外联动发展,形成优势互补,全面协调的发展态势。

最后,两岸经贸合作的发展也不容忽视,应当充分发挥福建对台优势,加强两岸对接与合作,打造闽台合作的实验区。

四是做好相关保障措施。为了更好地推进福建自贸试验区建设,完成各项任务与目标,首先应当加强统筹协调,做好分工计划,开展考核和评估。其次应当用足用活政策,充分利用国家和地方政府对福建自贸试验区建设的各项政策,将其效应和效果最大化。再次,有效的监督不容忽视,应当提升监督服务水平,有效防范各项风险,稳步推进自贸试验区建设。最后,应当注重环境保护,落实节能减排措施,建立生态节能的产业链,形成"资源—产品—再生资源"的良性循环。

三、泉州市"海上丝绸之路"先行区

(一)泉州共建 21 世纪"海上丝绸之路"的定位与目标

2015 年 3 月,经国务院授权,国家发展改革委、外交部、商务部发布《愿景与行动》确定泉州为重点布局的 15 个沿海城市港口之一。2015 年 11 月,经福建省政府授权,福建省发改委、外办、商务厅发布《福建省 21 世纪"海上丝绸之路"核心区建设方案》,明确提出支持泉州建设 21 世纪"海上丝绸之路"先行区。[7]

根据福建省建设"海上丝绸之路"核心区的整体布局,以及泉州作为

21 世纪"海上丝绸之路"先行区的定位,泉州要发挥好自身的优势,在推动华侨、华人参与"海上丝绸之路"建设上先行先试,在推动泉太港澳共促"海上丝绸之路"建设上先行先试,在推动民营经济国际化和引领制造业绿色智能转型上先行先试,在推动金融开放创新服务"海上丝绸之路"建设上先行先试,在推动"海上丝绸之路"文化国际合作交流和中华海洋文明传承创新上先行先试,在推动与"海上丝绸之路"沿线国家城市合作上先行先试。

目标是将泉州打造为推动"海上丝绸之路"海陆统筹互联互通的重要枢纽、面向"海上丝绸之路"民营经济开放创新的重要门户、促进"海上丝绸之路"多元文化交流展示的重要纽带、增进"海上丝绸之路"国际交流合作的重要平台,在福建 21 世纪"海上丝绸之路"核心区建设中发挥先行作用和重要支撑作用,建成 21 世纪"海上丝绸之路"基点城市和开放门户。

(二)泉州作为 21 世纪"海上丝绸之路"先行区的优势与不足

1. 泉州是海上丝绸之路的起点

1991 年,联合国教科文组织派出来自 30 个国家和地区 50 多名专家和记者来泉州考察,并认定泉州市是海上丝绸之路无可争议的起点。[8] 在海上丝绸之路形成和发展的过程中,泉州曾写下辉煌的历史,扮演着重要的角色。在新时代 21 世纪"海上丝绸之路"建设过程中,泉州更应当充分发起其"海上丝绸之路"起点的优势,加大泉州各领域建设,延续其推进商贸、文化交流的重要地位与作用。

2. 泉州拥有丰富多元的文化优势

泉州作为"东亚文化之都",历史上与众多国家和地区交往密切,与"海上丝绸之路"相关的文化遗产丰富,种类多样,保存完好。充分探索其"开放包容,和谐共存"的海洋文明和海洋精神,挖掘其丰富的人文内涵和精神价值,有利于搭建 21 世纪"海上丝绸之路"文化平台,助力中华文化的传播,促进文化互动和交流。

3. 泉州是著名侨乡，华人华侨优势作用明显

泉州籍港澳台侨同胞共 2000 多万人，90% 以上泉州籍华侨华人居住在与"海上丝绸之路"密切相关的东南亚各国。因此，发挥泉州华侨优势，动员泉籍华侨华人参与 21 世纪丝绸之路建设，吸引侨胞对泉投资创业，加强同侨胞聚集地在各领域的深入交流合作，对于更好地推进 21 世纪"海上丝绸之路"先行区发展建设具有重大的意义与价值。

4. 此外，建设 21 世纪"海上丝绸之路"先行区，泉州也存在一些劣势情况

首先是泉州的市域经济有待全面升级，传统产业需要深度融合。泉州主要以民营企业为主，产业规模相对较小，传统工业的创新性不足，全面整合升级市域经济必不可少。其次是泉州虽然历史文化底蕴深厚，但是对于文化资源的开发不足，没有树立自己的文化品牌。因此泉州应当打造其独特的历史文化、海洋文化品牌，塑造国际交流的重要名片。最后是泉州虽有优良海港优势，但是配套立体交通网络存在不足，需要进一步打造铁路、公路、航空等互联互通网络。

（三）泉州建设"海上丝绸之路"先行区的对策思考

为了发挥泉州先行先试的引领功效，提升泉州在国家未来开放格局中的作用，推进 21 世纪"海上丝绸之路"建设，泉州市应当在多方面采取可行措施，为 21 世纪"海上丝绸之路"先行区建设取得更好的成效助力。

第一，利用政策优势，加强政府引导。充分利用泉州作为海上丝绸之路重点城市以及海上丝绸之路先行区的契机，在《泉州建设海上丝绸之路先行示范区战略规划》《泉州市建设 21 世纪"海上丝绸之路"先行区行动方案》等政策的指导下，全力推行产业升级和转型，加强重点项目建设。同时加大政府引导力度，拓展对外合作领域，引领重点企业"走出去"，稳步推进泉州先行试验区建设。

第二，建设文化灯塔，树立文化品牌。与其他地区相比，泉州具有独特的历史文化传统。泉州建设"海上丝绸之路"先行区，可率先凸显其文

化品牌，加大文化宣传工作，以独特文化品牌拓展在新世纪海上丝绸之路的文化影响力。民族的就是世界的，泉州应当走出一条地域化、特色化、差异化的道路，塑造其别具一格的文化魅力。[9]

第三，促进产业升级，加强经贸合作。泉州应当加快产业转型升级，走向现代性、创意性与世界性。提升经济的创新能力，更多利用文化优势发展文化相关产业。同时，加强泉州与海上丝绸之路沿线国家和地区的贸易，着重发展与东盟、南亚相关国家的合作，在经济、科技、旅游、文化等重点领域建立合作机制，推进多边、双边贸易自由化、便利化水平。科学引导泉州产业走出国门，与"海上丝绸之路"沿线国家取长补短，支持有资源、有实力的企业在"一带一路"沿线国家和地区投建境外经贸合作园区。

第四，开展金融创新、完善金融服务。主动对接国家"一带一路"建设，建立泉州产业建设和企业"走出去"的金融支持体系，构建完善的金融服务平台，加强与相关国家在金融领域的合作，推出"海上丝绸之路"专项金融系列产品等，致力于在金融对外合作方面推进先行先试。

第五，加大人才培养和引进，强化人才支撑。泉州市应当大力培养与引进"海上丝绸之路"相关领域的人才，积极搭建各类人才培养平台，建立人才引进机制，加强海上丝绸之路沿线国家和地区的人才往来，为泉州先行区建设提供人才支撑。

四、设立福州新区

（一）福州新区的整体布局和发展定位

在推进 21 世纪"海上丝绸之路"建设中，福建省设立福州新区，旨在落实国家促进福建省发展建设的各项政策，全面推动福州的跨越式发展。福州新区的整体布局主要包括马尾区、仓山区、长乐区、福清部分区域，总面积达 800 平方千米。初期规划建设范围主要包括中部、南部片区及北部片区部分区域。[10]

一是中部片区。该片区为新区核心区，与福州主城区构成市域双核，重点发展现代商贸、金融、科技研发、总部经济等高端服务业。二是南部片区。着重依托其港口以及航运优势，通过基础设施和疏港干线建设，重点发展航运物流、临港重化工、电子信息、机械制造、新能源等产业。三是北部片区。围绕交通枢纽布局，重点发展滨海休闲度假、航运物流、特色都市农业等产业。

对于福州新区的战略定位，主要包括五个方面。一是两岸交流合作重要承载区，发挥福州对台的独特区位优势，增强两岸合作交流。二是扩大对外开放重要门户，推动福州积极参与、主动融入"一带一路"建设，打造我国21世纪海上丝绸之路核心区的中心城市。三是东南沿海重要的现代产业基地，推进福州产业转型升级，着力发展高新技术产业和现代服务业。四是改革创新示范区，深入落实福州创新驱动发展战略，按照国家关于构建区域创新体系的部署，加快制定新区创新发展顶层设计，提升区域创新能力。五是生态文明先行区，强化福州生态文明理念，按照绿色循环低碳模式指导新区开发建设。

（二）福州建立新区的优势

福州新区作为全国第14个国家级新区，在政策资源、产业基础、互联互通、闽台交流，以及生态环境方面优势明显。

一是政策资源优势。福州新区融合叠加了国家的多重战略，首先作为福建省省会城市，福州是我国首批14个沿海开放城市之一。其次新区建设融合自贸试验区、海上丝绸之路核心区、生态文明示范区以及多个国家级和省级园区的支持。"多区叠加"的优势使得福州新区的发展更具全球视野、开放气质和改革精神，[11]为福州新区的发展起着强大的推动作用。

二是产业基础坚实。福州新区内工业系统发达，已经形成电子信息、机械制造、纺织化纤、轻工食品、冶金建材、石油化工、生物医药、电力能源等八大产业集群，其中有四大产业集群年产值超过千亿元，电子信息产业也将突破千亿元。[12]同时，新区内各主要园区重点项目亦在开发建设，这些产业为福州新区建设打下坚实基础。

三是交通条件优越。福州新区内交通系统完善，海港条件优越，空港设施齐备，高速高铁纵横交错，是东南沿海海陆联运的中心。对于加速新区经济发展，辐射周边，对接台湾，联通东盟具有重要意义与价值。

四是对台优势明显。福州新区与台湾地区隔海相望，经贸往来和人文交流源远流长。有助于构筑闽台往来新通道，探索两岸交流新模式，建设两岸合作承载区，促进榕台交流合作向纵深拓展。从长远来看，在服务祖国统一大业中地位举足轻重。

五是生态环境优美。福州海岸线有960千米，占全省三分之一。福州新区位于东海之滨，山水格局独特，森林覆盖率高，空气质量在全国省会城市名列前茅。优越的自然生态环境为新区发展留下很多空间，为打造富有特色与个性的生态文明城市提供难得机遇。

（三）加快福州新区建设的措施

对于福州新区的建设，应当立足特点，发挥优势，着力打造开放新区、创新新区、协调新区以及绿色新区。

一是扩大开放格局，建设开放新区。福州新区应当扩大外开放格局，营造对外开放的环境，打造对外开放的平台，构建对外开放的通道，以利于更好地与21世纪"海上丝绸之路"沿线国家和地区的交流合作，发挥福州21世纪"海上丝绸之路"战略支点的作用。

二是探索创新路径，建设创新新区。福州新区的目标定位之一本就是重点发展高新技术产业和现代服务业，打造创新新区。因此，为更好地推动福州新区的创新战略，应当完善其创新体系，打造创新平台，构建创新联盟，探索创新体制机制。同时应当引进专业高端人才，为创新新区的打造提供智力和人才支持。

三是促进区域协调，建设协调新区。福州作为21世纪"海上丝绸之路"的中心城市，应当发挥福州新区在不同领域的领头优势，辐射带动周边地区的协同发展，为福建省其他地区甚至周边省份发展提供机遇和服务。

四是坚持绿色发展，建设绿色新区。福州是国家首个生态文明先行示范区，生态环境条件优越，福州新区应当延续其文明先行区的道路，在新区建设过程中，应当强化生态文明理念，加强节能减排，推进污染治理。推进新区产业转型，重点发展资源节约型、环境友好型产业，推进新区经济社会与自然环境协调发展。

五、厦门打造"海上丝绸之路"中心枢纽城市

（一）厦门融入 21 世纪"海上丝绸之路"的整体定位

"一带一路"是我国新时期发展的大战略，融入 21 世纪"海上丝绸之路"是厦门发展的必然趋势。根据《厦门市关于贯彻落实丝绸之路经济带和 21 世纪"海上丝绸之路"建设战略的行动方案》，力争将厦门建设成为 21 世纪"海上丝绸之路"枢纽城市。[13]旨在将厦门打造成为海洋合作、互联互通、经贸合作、人文交流等方面的枢纽。[14]

一是互联互通枢纽。厦门市作为最早的对外开放经济特区之一，一直扮演着联通周边地区和国家的重要角色。同时，厦门地区与海上丝绸之路沿线国家的交往历史悠久，关系密切。为更好融入 21 世纪"海上丝绸之路"战略，厦门应当积极拓展海陆空通道，构建完善的互联互通基础设施，为更好地发挥其互联互通枢纽地位奠定基础。

二是经贸合作的枢纽。鼓励有实力的厦门企业"走出去"，在海上丝绸之路沿线国家和地区投资设厂，带动沿线地区产业经济的发展。同时，搭建相关项目合作平台，增加不同国家和地区的经贸交流与合作的机会。

三是海洋合作的枢纽。厦门市拥有优越的海洋资源优势与海洋产业优势，以及海洋科研优势。厦门应当立足本地优势，加大同周边地区以及 21 世纪"海上丝绸之路"沿线国家在海洋资源、海洋产业、海洋科研，海洋保护等领域展开合作，提升厦门在 21 世纪"海上丝绸之路"沿线国家和地区的知名度和影响力。

四是人文交流的枢纽。厦门作为 21 世纪"海上丝绸之路"的战略支点

城市，应当密切"海上丝绸之路"人文交流合作，打造文化交流中心。积极办好海上丝路交流论坛，开展高校专家学者海外交流互动活动，推进实施海上丝路人才培养项目，加强海上丝绸战略核心区智库建设，充分发挥其人文交流桥梁的作用。

（二）厦门建设21世纪"海上丝绸之路"中心枢纽城市的优势

历史渊源优势。中国古代海上丝绸之路始于汉唐，发展于两宋，厦门历史上就与丝绸之路有着密切的联系。宋元时期，泉州是丝绸之路的起点，而厦门毗邻泉州，作为泉州大港的外围辅助港，也是商船云集，贸易往来不断，盛极一时。

经济特区优势。厦门作为经济特区，是全国最早开始改革开放的前沿城市，是东南沿海经济圈的重要构成部分。在多年的开放与发展下，厦门基本形成了产业转型快，创新能力强，经济增长充满活力的整体态势。在早期特区政策的支持下，厦门产业基础好，发展趋势稳健，为厦门融入21世纪"海上丝绸之路"提供坚实的基础。[15]

地理位置优势。厦门位于福建省东南端，与台湾隔海相望，是对台经贸交流合作的先行区，有全国最大的台商投资区。同时，厦门处于华东和华南经济区之间，有利于联通华东华南区域，带动周边区域协调发展。此外，厦门港口优良，与东南亚地区交通便利，有助于更好地与东南亚国家交流合作。

优良港湾优势。厦门港是我国沿海不可多得的天然深水港湾，航道条件优越，水路交通网络发达，东邻台湾，距高雄港160海里；南距香港287海里，经台湾海峡可通世界各个港口。目前，厦门港与近50个国家和地区的70多个港口有海运往来，与香港、金门等有定期客货班轮。

（三）推动厦门中心枢纽城市建设的建议

一是发展旅游产业，加强旅游合作。厦门市是中国东南沿海的美丽海滨城市，青山绿水、鸟语花香，自然环境优美，素有"海上花园"的称誉。厦门市应当加强对厦门旅游推广与宣传，搭建旅游合作与旅游招商引资平台，促进与海上丝绸之路沿线国家和地区旅游合作。多举办诸如厦门旅游博览会等的活动，提供城市间旅游合作的重要平台，构建"海上丝绸之路旅游核心区"的重要载体。

二是发展港口经济，扩大对外交流。充分利用厦门海洋人才优势和产业基础，推进国际化区域性综合物流中心建设，加快东南国际航运中心建设，打造千万吨级标箱港口。一方面，以厦门港为支点，完善交通网络，建立与内陆腹地经济联系；另一方面，以厦门港为起点，拓展国际航线，把厦门纳入全球经济活动中。

三是繁荣文化事业，密切人文交流。厦门市应当积极开展国际性海洋文化、闽南文化交流活动，搭建对台对外闽南文化交流合作平台，扩大厦门作为 21 世纪"海上丝绸之路"战略支点城市的引领和辐射作用，提升厦门市文化魅力和国际影响力。

六、总结

海上丝绸之路大战略具有政治互信和经济发展的双重含义，大力推进海上丝绸之路建设，不仅能够促进沿线国家政治、经济、文化以及社会的发展，还能推进区域全面协同合作，构建利益共同体与命运共同体。福建省作为 21 世纪"海上丝绸之路"核心区，主动融入海上丝绸之路建设，积极建设福建自贸实验区、泉州海上丝绸之路先行区、福州新区、厦门海上丝绸之路中心枢纽城市，对于促进 21 世纪"海上丝绸之路"核心区建设，推动"一带一路"建设的发展具有重要的意义和价值。

参考文献

[1] 福建日报.福建省21世纪"海上丝绸之路"核心区建设方案 [EB/OL].
（2015-11-17）http：//www.fujian.gov.cn/xw/ztzl/sczl/zcwj/201601/
t20160117_1131771.htm.

[2] 林文生,黄瑞等.福建建设21世纪"海上丝绸之路"核心区的研究报告
发展研究 [J].2015（6）.

[3] 郑文智,林春培等.发挥福建独特优势,加快建设21世纪"海上丝绸之路"
核心区 [J].福建理论学习,2015（6）.

[4] 杨雪星.福建建设21世纪"海上丝绸之路"核心区的对策思考 [J].福建
金融,2015（6）.

[5] 国务院关于印发中国（福建）自由贸易试验区总体方案的通知 [EB/OL].
（2015-04-11）.http：//www.gov.cn/zhengce/content/2015-04/20/
content_9633.htm.

[6] 中国（福建）自由贸易试验区产业发展规划（2015—2019 年）[EB/OL].
（2015-08-27）.http：//www.fujian.gov.cn/xw/ztzl/fjzmsyq/zmq_
zcfg/201508/t20150827_1057041.htm.

[7] 泉州晚报.泉州市建设21世纪"海上丝绸之路"先行区行动方案 [EB/
OL].（2016-01-20）.http：//www.qzwb.com/qzfb/content/2016-01/20/
content_5267417.htm.

[8] 泉州网.泉州力推"21世纪海上丝绸之路先行区"建设,六大优势得天独厚
[EB/OL].（2014-06-17）.http：//www.qzwb.com/gb/content/2014-06/17/
content_4874217.htm.

[9] 周松峰.泉州建设21世纪"海上丝绸之路"先行区策略研究 [J].未来与
发展,2016（10）.

[10] 国家发改委. 福州新区总体方案 [EB/OL]. (2015-09-18). http://news. h0591.com/2015/0918/261810.htm.

[11] 福州日报. 福州新区"新"在哪儿? [EB/OL]. (2015-09-11). http:// www.fuzhou.gov.cn/zfb/xxgk/zjrc/zhsl/shfz/201607/t20160701_1086051. htm.

[12] 福州日报. 福州新区有哪些特色和优势? 最大特色是两岸交流合作 [EB/ OL]. (2015-09-11). http://www.mnw.cn/news/fz/982864.html.

[13] 厦门日报. 厦门出台行动方案融入"海上丝绸之路"建设选择六大重点 领域 [EB/OL]. (2014-11-08). http://www.fj.xinhuanet.com/news/2014- 11/08/c_1113166668.htm.

[14] 中国海洋报 [EB/OL]. (2016-03-24). http://www.zgsyb.com/ html/content/2016-03-24/content_477493.shtml.

[15] 王复基. 关于厦门打造 21 世纪"海上丝绸之路"中心城市的思考 [EB/OL]. (2015-06-17). http://www.xmsk.cn/a/tequzhiku/2015/0617/6429. html.

第四章

广东省参与"一带一路"建设政策研究

作为改革开放前沿阵地和全国的经济大省，广东省立足现实，发挥自身地理位置优势、经济发展优势、历史人文优势等，积极先行先试，参与建设"一带一路"建设。在国家发布《推动共建丝绸之路经济带和21世纪"海上丝绸之路"的愿景与行动》之后，广东省率先做出参与建设"一带一路"的实施方案，主动对接国家"一带一路"建设，对全省各项工作进行整体布局与规划，争当"一带一路"建设上的排头兵和桥头堡。

一、广东省参与建设 21 世纪"海上丝绸之路"

（一）广东省参与建设 21 世纪"海上丝绸之路"的定位

2015 年 6 月 3 日下午，广东省政府新闻办宣布《广东省参与建设"一带一路"的实施方案》，率先完成与国家"一带一路"建设规划衔接。方案提出将广东打造成为"一带一路"的战略枢纽、经贸合作中心和重要引擎。此定位已得到国家认可。这一定位不仅源于广东省雄厚的经济基础，还立足于广东省与海上丝绸之路沿线国家和地区有良好的合作基础。

1. 21 世纪"海上丝绸之路"的战略枢纽

广东省地处中国大陆最南端，在"海上丝绸之路"发展的历程中，一直都是关键性的枢纽，具有不可替代的作用。在与海上丝绸之路沿线国家和地区贸易合作和海陆联通中，扮演着转换区域的重要角色。因此，根据

《广东省参与建设"一带一路"实施方案》，目标之一就是将广东省打造成为内外联通、海陆交汇、安全高效、开放包容的海上丝绸之路交通枢纽与国家门户，加快推进广东省铁路、公路、港口与航运等通道建设，构建互联互通的网络体系，形成联通内外、便捷高速的海陆空综合通道，为21世纪"海上丝绸之路"建设的推进做出应有的贡献。[1]广东省不仅要构建泛珠区域综合交通一体化，强化跨省对接和协调发展，还要以东盟为重点，面向21世纪"海上丝绸之路"沿线国家和地区，深化枢纽建设，形成海陆空统筹、内外扇面的多向运输格局。

2. 21世纪"海上丝绸之路"的经贸合作中心

作为古代海上丝绸之路重要发祥地和改革开放试验田，广东省主动参与建设21世纪"海上丝绸之路"，依托粤港澳大湾区和自贸试验区的发展，力争将广东省打造为21世纪"海上丝绸之路"的经贸合作中心。首先广东省经济发展水平高，与沿线国家和地区经贸往来频繁，在对接21世纪"海上丝绸之路"建设过程中，具有独特的优势。其次作为全国改革开放的主力军，国家先行先试的试验田，广东省应当立足毗邻港澳的优势，积极打造粤港澳大湾区经济圈，加深粤港澳合作与"一带一路"建设的融合。再次，广州还要利用自贸试验区建设的契机，推动贸易便利化，服务自由化进程，推动与东盟各国的经贸往来和合作平台的构建。最后，广州要更好地融入世界经济体系，优化广东在全球资源配置布局，加强广东省与全球经济的合作力度，将广东省真正建设成为21世纪"海上丝绸之路"的经贸合作中心和对外开放战略平台。[2]

3. 21世纪"海上丝绸之路"建设的重要引擎

改革开放后，广东省先行先试，已经取得巨大的成就。2015年4月又获批成为自贸试验区，拉开了进一步深化改革的序幕。被纳入21世纪"海上丝绸之路"建设的重点省份，广东省获得了长足发展的有一个契机。广东省应当以广州、深圳为双核，以珠江口东岸、西岸为重点，优化空间布局，加快要素资源配置，重点推动珠三角区域经济一体化发展。同时横向主动连接粤东西北地区，推动粤东西北地区融入21世纪"海上丝绸之路"建设，形成全省参与"一带一路"建设一盘棋的局面。[3]此外，还应当推动以广东为中心的泛珠三角地区的联动发展，带动周边，融合港澳，面向东盟，拉动沿线，扩展海上丝绸之路的合作范围和格局。使广东真正成为推动区域经济一体化的重要支点，在建设21世纪"海上丝绸之路"中发挥着重要引擎的作用。

（二）广东省参与建设21世纪"海上丝绸之路"的优势与不足

1. 区位优势突出

首先是广东省的地理位置优越。广东省位于南海之滨，毗邻港澳，拥有对外开放的良好条件。它不仅是亚洲、太平洋海上交通要冲，更是中国通往东南亚、南亚、中东和非洲等地的最近出海口，在对接21世纪"海上丝绸之路"沿线国家和地区上具有显著优势。其次是广东省海陆空交通发达。在陆路交通运输方面，至2015年底，广东省综合交通网总里程将约达22.7万千米，[4]除京广、厦深、贵广、南广等联通东南沿海、中部地区和西南地区的高铁线路外，全省高速公路通车里程将达6880千米，与陆路相邻省份各开通了3条以上的高速省际通道。[5]在海路方面，广东省海岸线漫长，优良港口众多。拥有广州港、深圳港、珠海港、汕头港、湛江港、佛山港、东莞港、中山港等众多港口，其中深圳港通往全球航线达到二百多条，广州港与世界上百国家和地区有贸易往来。在航空方面，广东拥有广州和深圳两个国际航空港，能够通达全球五大洲近200多个通航点。[6]最后，广东省对外开放优势明显。基于广东省独特的区位优势，自改革开放以来，国家先后设立了深圳、珠海、汕头为经济特区，广州、湛江为对外开放城市，政策支持力度大，对外开放基础好。广东省优越的地理位置，以及它因地理位置而获得的在各领域的优势，为其参加建设21世纪"海上丝绸之路"打下坚实的基础。

2. 历史渊源深厚

首先广东省参与海上丝绸之路的历史悠久。在两千多年海上丝绸之路的开拓上，广州以其最长的历史、最多的港口、最广的航线谱写了最为波澜壮阔的华章。先秦时期，岭南地区就与南海诸国有经贸往来，公元前111年，汉武帝开辟通往东南亚海上航线，海上丝绸之路初具雏形，湛江徐闻是始发港之一。东晋时期，广州取代徐闻成为海上市场之路上的东方大港。到明朝后期，广州甚至成为我国海上丝绸之路的唯一对外口岸。[7]其次，广东省文化独具特色。一方面，在对外开放的悠久历史中，广东省形成了对文化的一种开放包容的态度，文化具有广泛性和多元性。另一方面，也形成了广府文化、客家文化、潮汕文化等独具特色的区域文化。独特与包容并举，让广东的文化不仅富有吸引力，而且能够更好地与"一带一路"沿线国家和地区进行更好的合作。最后广东省华侨文化优势明显。广东省是著名的侨乡之一，约有3000万的侨胞分布于世界各地，根植于经济、科技、教育、传媒等各大领域。华侨是连接中国与其他国家的"天然桥梁和纽带"，他们不仅将中华文化带向了世界，也加速了文化的交融和彼此的认同。为促进广东与21世纪"海上丝绸之路"沿线国家和地区在文化领域，或者其他相关领域展开交流与合作奠定了基础。

3. 产业基础雄厚，经济贸易发达

广东省作为改革开放的前沿，已经成为领先全国的经济大省和产业大省。形成了以电子产业、汽车产业、石化产业、轻纺产业等优势明显、独具特色的产业格局。广东省的经济实力非常雄厚，从国内来看，广东省地区生产总值在2014年占全国比重达到10.65%，[8]连续26年居于全国首位。同年从国际来看，广东省的地区生产总值达6.77万亿元，人均GDP达到了6.34万元，在世界排名65，[9]达到世界平均水平。同时广东省对外贸易繁荣，是我国与东盟经贸合作量最大的省份，与海上丝绸之路沿线国家贸易规模也是历年居于全国首位。例如2014年，广东省与"一带一路"沿线国家的进出口总额达到0.13万亿美元，占中国与"一带一路"沿线国家进出口总额的22.4%。广东省雄厚的经济实力以及繁荣的对外贸易已经为它与"一带一路"沿线国家和地区的经贸合作打下基础。总之，广东省不仅是对外开放的前沿阵地，也是建设"一带一路"的前沿阵地。

4. 存在的一些不足

广东省参与建设 21 世纪"海上丝绸之路"的优势众多，但也存在一些短板和不足。首先是广东省区域经济发展不平衡，区域间差距巨大。广东省经济发展的核心地区是珠三角地区，形成了珠三角发达，而粤东、粤西、粤北区域发展失衡的现状。其次是广东省劳动密集型产业众多，劳动力素质有待提升。广东省的许多产业还处在粗放的劳动密集型时期，产品缺乏创新性，国际竞争力弱。同时，外来务工人员众多，社会面临压力大。最后，广东省资源环境问题突出。广东省对外开放时间早，发展速度快，在发展过程中产生不少资源浪费和环境污染的问题。在参与建设 21 世纪"海上丝绸之路"过程中，广东省如何协调区域经济，增强创新能力，实现资源节约环境友好的发展至关重要。

（三）广东省参与建设 21 世纪"海上丝绸之路"的对策建议

1. 落实《实施方案》，发挥政策支持

2015 年 6 月 3 日，广东省政府召开新闻发布会，公布了《广东省参与建设"一带一路"的实施方案》，成为率先完成与国家"一带一路"建设规划衔接、率先印发实施方案的省份。为了更好地推行方案，广东省还制定了《广东省参与"一带一路"建设重点工作方案（2015-2017 年）》与《广东省参与"一带一路"建设实施方案优先推进项目清单》。各类方案和清单的制定，能够更好地指导广东省参与"一带一路"的建设。同时，有效落实相关方案，发挥政府政策的支持和引领作用，有助于广东省立足现实，找准定位，整体布局，稳步推行"一带一路"建设，更好的发挥广东省的作用。

2. 加强自身建设，推动经济发展

为推动 21 海上丝绸之路建设，广东省应当立足自身优势，着力提升经济发展水平。一是要促进重要基础设施互联互通，优先推动铁路、公路、港口、机场等交通基础设施建设，为 21 世纪"海上丝绸之路"建设过程中各领域的发展与合作打下坚实基础。二是要增强自身经济建设，保持经济

稳定增长。参与建设 21 世纪"海上丝绸之路"给广东省的经济发展带来良好的机遇，广东省应当利用这一契机，有效利用政策、资源、人才优势，实现经济增长和产业转型升级。三是要提升产业创新能力。广东省要转变经济发展方式，提升产业创新能力，推动高新技术产业的发展，为广东省经济的持续发展注入生机和活力。

3. 促进对外交流，提升合作水平

广东省参与 21 世纪"海上丝绸之路"建设的过程中，要在重点领域展开广泛交流合作，提升对外合作水平，带动沿线地区的共同发展。一是要提升对外贸易合作水平。广东省历年来是对外贸易的重点省份，随着经济的稳步提升，应当发挥其自身优势，在原有基础上继续提升对外贸易合作。二是扩大在能源、海洋、旅游金融等特殊领域的合作。广东省与 21 世纪"海上丝绸之路"沿线国家在不同领域都存在着共同利益和发展空间，应当抓住政策支持的契机，在重点领域加强与沿线国家的合作，真正将广东省打造为 21 世纪"海上丝绸之路"中的经贸合作中心。三是加快产业投资步伐，坚持"引进来"和"走出去"相结合。广东省应当改善投资环境，加大招商引资力度，同时也要鼓励企业"走出去"，提升广东省在 21 世纪"海上丝绸之路"沿岸国家和地区的影响力和带动作用。

4. 密切人文交流，促进对话沟通

广东省不仅是中国大陆与 21 世纪"海上丝绸之路"沿线国家和地区经贸合作量最大的省份，也是人文交流最密切的省份。因此首先要发挥广东省华侨文化的影响力，助力文化互联互通。广东省应当立足华人华侨优势，发挥华人华侨影响力，搭建同 21 世纪"海上丝绸之路"沿线国家和地区文化交流的桥梁，做好公共外交相关工作，帮助各国家和地区对我国"一带一路"建设的了解和认识，推动 21 海上丝绸之路的发展建设。其次应当搭建人文交流平台，构建互动机制，将广东省与沿线国家和地区的文化合作落到实处。挖掘文化交流的可行性项目，加强人员交流与往来。开展海上丝绸之路文化博览会、举行高校学术交流与合作等是可行的选择。

二、广东省推动自贸实验区建设

2014 年 12 月，国务院决定设立中国（广东）自贸试验区，2015 年 3 月审议通过广自贸试验区总体方案。广东省自贸区的建立，是党中央、国务院在新时期进一步促进广东省改革发展，推动广东省深化港澳合作，进一步融入经济全球化的重要举措，对于广东省推进体制机制创新，深化粤港澳经济深度融合，推动新一轮对外开放，以及参与建设 21 世纪"海上丝绸之路"具有重要的意义与价值。

（一）广东省自贸试验区的总体定位和整体布局

广东省自贸区建设过程中，将紧紧围绕国家战略，坚持以制度创新为核心，发挥自身优势，大胆先行先试，立足广东省实际情况，学习借鉴上海自贸实验区的试点经验。广东省自贸实验区的总体定位是依托港澳、服务内地、面向世界，着力打造粤港澳深度合作的示范区、21 世纪"海上丝绸之路"的重要枢纽和全国新一轮改革开放的先行地。力争经过三至五年改革试验，营造国际化、市场化、法治化营商环境，构建开放型经济新体制，实现粤港澳深度合作，形成国际经济合作竞争新优势，力争建成符合国际高标准的法制环境规范、投资贸易便利、辐射带动功能突出、监管安全高效的自由贸易园区。[10]

一是粤港澳深度合作的示范区。广东自贸试验区要利用毗邻港澳的区位优势和人才优势，加强同港澳的深度融合，优先发展金融、科研等高端服务业。广东省率先实现粤港澳服务贸易自由化水平，并为推动内地与港澳经济深度合作发挥引领和示范作用。

二是 21 世纪"海上丝绸之路"的重要枢纽。广东自贸试验区要利用自身区位优势和优良港湾优势，发挥与粤港澳三地海空港的联动作用，促进粤港澳大湾区一体化建设，同时加强与自贸区外航运产业聚集区的协同发展，尤其是加强与海上丝绸之路沿线国家和地区众多港口的往来与合作，共同将自贸区打造成为 21 世纪"海上丝绸之路"的重要枢纽。

三是全国新一轮改革开放的先行地。广东省自古以来都是对外开放的窗口和门户，在改革开放以后，成为我国对外开放的前沿阵地，广州、深圳、珠海分别在国家对外开放战略中扮演者重要的角色，在经济发展中也积累了丰富的经验。"一带一路"建设的提出，意味着中国第二步现代化有了实质性的"走出去"载体。作为我国经济发展示范区，对外开放的试验田，广东省自贸试验区应当拿出自己的优势，在新一轮的对外开放中依然坚守先行地的角色和岗位。

在整体布局方面，广东省自贸试验区规划面积116.2平方千米，包括三个片区。其中广州南沙自贸区60平方千米，深圳前蛇口自贸区28.2平方千米，珠海横琴自贸区28平方千米。

广州南沙自贸区的功能定位主要是，南沙新区片区将面向全球进一步扩大开放，在构建符合国际高标准的投资贸易规则体系上先行先试，重点发展生产性服务业、航运物流、特色金融以及高端制造业，建设具有世界先进水平的综合服务枢纽，打造成国际性高端生产性服务业要素集聚高地。

深圳前蛇口自贸区功能定位主要是，前海蛇口片区将依托深港深度合作，以国际化金融开放和创新为特色，重点发展科技服务、信息服务、现代金融等高端服务业，建设我国金融业对外开放试验示范窗口、世界服务贸易重要基地和国际性枢纽港。

珠海横琴自贸区的功能定位主要是，横琴新区片区将依托粤澳深度合作，重点发展旅游休闲健康、文化科教和高新技术等产业，建设成为文化教育开放先导区和国际商务服务休闲旅游基地，发挥促进澳门经济适度多元发展新载体、新高地的作用。[11]

（二）广东省自贸试验区建设的主要任务

1.深化港澳合作

广东省自贸区要利用毗邻港澳的区位优势以及专业的人才优势，加强同港澳深度融合，推进港澳服务贸易自由化的基本实现。首先应当放宽相关要求，争取引进投资，在商贸、金融、交通、信息等领域取得突破。对于人才引进方面，需要出台人才引进的系列政策，制定相关的激励措施，加快人才特区建设。其次应当在自贸区内试行粤港澳认证及相关检测业务互认制度，简化认证程序，提高认证效率，实行"一次认证、一次检测、三地通行"，推进粤港澳地区制度上的一体化进程和互联互通。

2. 增强自贸试验区辐射带动作用

广东省自贸试验区是广东省最发达的区域，也是其对外开放与贸易合作的前沿。广东省自贸试验区全方位、多层次的发展，不仅能引领珠三角地区经贸走向更高层次，辐射带动泛珠三角地区和临近省份的协同发展，对21世纪"海上丝绸之路"沿线国家和地区的发展也有拉动作用。因此，在推动自贸试验区建设的同时，应当主动加强与泛珠三角区域及周边区域的经贸合作，构建以自贸试验区为中心的经贸发展网络，将自贸试验区辐射带动功能最大化。

3. 建设国际化、市场化、法治化营商环境

首先要推进法制化进程，在广东省自贸区的建设中，要率先做好相关立法工作，及后期执法与司法建设，做到公平、公正、公开，实现市场良性竞争。其次要完善行政管理体制，明确政府权责，做好职能分工，具体工作落到实处。对于行政审批事项，推进标准化、一体化、简洁化进程，提高工作效率。再次是推动信息的互联互通，争取实现不同部门信息共享和协同管理，实现信息的有效利用，有利于各部门工作统筹安排和相互对接。最后是创新国际商事法律服务和知识产权保护体系。依托南沙、前海、横琴三大国际仲裁中心构建多元化的商事纠纷仲裁和调解机制。推动建立统一的知识产权管理执法体制，健全快速维权机制，开展知识产权处置和收益管理改革试点。

4. 促进自贸区国际贸易发展

首先是扩展贸易范围，加强广东自贸区同21世纪"海上丝绸之路"沿线国家和地区的贸易往来，拓展贸易市场。推动"引进来"与"走出去"相结合，不仅要吸引其他企业在广东省投资设厂，还要加速广东省企业"走

出去",加强对 21 世纪海上丝绸之路沿线国家和地区的影响力。其次是推进国际航运功能的增强,探索粤港澳地区航运发展协同机制,促进三方各项标准的对接,真正将广东自贸实验区建设成为 21 世纪"海上丝绸之路"的重要枢纽。

(三)广东省自贸试验区对于建设 21 世纪"海上丝绸之路"的作用

广东省自贸试验区建设是"一带一路"重要的战略突破口和对接点。我国以"一带一路"为纲,自由贸易区为目,纲举目张的对外开放布局已初步构成。因此,广东省应当要依托南沙自贸区、前蛇口自贸区及横琴自贸区建设,在投资贸易便利化、服务贸易自由化等领域先行先试,不断提高广东省在全球价值链的地位,将广东省打造为企业"走出去"的窗口和世界服务贸易重要基地,积极服务国家"一带一路"建设,使广东省真正成为 21 世纪"海上丝绸之路"的前沿区。

1. 通过广东自贸试验区建设 21 世纪"海上丝绸之路"的战略枢纽

广东省自贸试验区的战略定位之一就是要建设成为 21 世纪"海上丝绸之路"的重要枢纽,这是广东自贸试验区的使命。自贸试验区内分布着广州港、深圳港、珠海港等众多优良港口,以及白云机场、宝安机场等航空枢纽机场,广东省应当发挥自贸试验区内优越海空航运条件促进与 21 世纪"海上丝绸之路"沿线国家和地区的互联互通,并探索航运贸易与国际对接的新模式,发挥广东省自贸试验区在 21 世纪"海上丝绸之路"建设过程中的积极作用。

2. 通过自贸试验区推动广东省与 21 世纪"海上丝绸之路"沿线国家和地区贸易自由化

自贸试验区旨在营造国际化、市场化、法治化的贸易环境,打造规范化、便利化的自由贸易园区。在自贸试验区政策的契机下,能够更好地建立与 21 世纪"海上丝绸之路"沿线国家和地区在规则和标准制定上的协同性与一致性,探索与其在货物通关、商品检验检疫等方面的合作机制,对于推动广东省与 21 世纪"海上丝绸之路"国家和地区间贸易深度、广度、便利化、自由化有重要的价值和意义。

3. 自贸试验区为相关企业走出去提供服务平台

广东省自贸试验区作为全国新一轮的改革开放先行地，具有金融服务完善，信息咨询快捷、投资政策优惠等方面的优越性，为广东省企业甚至是国内企业走向 21 世纪"海上丝绸之路"沿线国家和地区提供窗口和平台，对于深化广东省与沿线国家和地区的合作，提升中国在"海上丝绸之路"路上的影响力具有推动作用。[12]

4. 广东省自贸试验区能够与中国—东盟自贸区更好的对接，有利于促进东盟经济一体化进程，进一步推动 21 世纪"海上丝绸之路"的建设

中国—东盟自贸区是在经济全球化与区域经济一体化的潮流中应运而生的，有利于促进中国与东盟间的贸易与投资，对话与合作，对于加深中国与东盟国家间的经济联系，推动睦邻友好关系具有重要的意义。广东省自贸试验区的设立，能够在政策与经贸合作等方更好地对接中国—东盟自贸区，为区域经济一体化与贸易自由化的实现提供双重支持与保障。而东盟成员国大都是 21 世纪"海上丝绸之路"沿线国家，广东省自贸试验区与中国—东盟自贸区的对接，更能助力 21 世纪"海上丝绸之路"的建设，有利于诸政策之间的良性互动与推进。

总之，广东省自贸试验区作为具体突破口，切实将广东省纳入 21 世纪"海上丝绸之路"建设的重要战略之中，对于发挥广东省排头兵和主力军作用，构建全方位开放格局，更好地落实国家"一带一路"建设具有重要的价值。

三、广州参与建设 21 世纪"海上丝绸之路"

国家在《推动共建丝绸之路经济带和 21 世纪海上丝绸之路的愿景与行动》中，重点提出要加强广州等沿海城市的港口建设，强化上海、广州等国际枢纽机场功能。以扩大开放倒逼深层次改革，创新开放型经济体制机制，加大科技创新力度，形成参与和引领国际合作竞争新优势，成为"一

带一路"特别是21世纪"海上丝绸之路"建设的排头兵和主力军。广州作为海上丝绸之路的发祥地,不仅具有悠久的对外商贸传统,又有自贸试验区的政策优势。在21世纪"海上丝绸之路"以及自贸试验区的双重机遇下,广州致力于成为21世纪"海上丝绸之路"上的节点城市,真正发挥主力军的作用。

(一)广州参与建设21世纪"海上丝绸之路"的定位

在参与建设21世纪"海上丝绸之路"过程中,广州应当立足其坚实的产业基础、高水平的经济发展态势以及便利的航运条件等优势,发挥其主导和中枢作用。以港口、深水航线、航空、高铁、高速公路、地铁为纽带,以海洋科技园、海岛开发等为依托,加紧搭建各种平台,加快产业转型升级,加强与周边地区合作。对内在市场、信息、劳务、金融和科技等方面紧密合作,对外形成开放、多元、多层次的区域合作共同体,早谋早动,先试先行,在海上丝绸之路和环南海经济圈抢占有利战略位置,致力于将广州打造成为21世纪"海上丝绸之路"上的国际航运中心,国际商贸中心和粤港澳开放合作聚集区。[13]

1. 国际航运中心

《愿景与行动》中提出,各方共建"一带一路",致力于亚欧非大陆及附近海洋的互联互通,建立和加强沿线各国互联互通伙伴关系,构建全方位、多层次、复合型的互联互通网络。广州作为两千多年长盛不衰的大港,历来就是面向海上丝绸之路沿线国家的重要航线。在新时期建设21世纪"海上丝绸之路"和广东自贸试验区的机遇下,广州依托自身优势和政策契机,致力于建设国际航运中心,推动海港和航运方式转型升级,使其成中国与21世纪"海上丝绸之路"沿线国家和地区之间贸易的枢纽。

2. 国际商贸中心

广州凭借着优越的地理位置以及对外开放的政策支持,与东南亚地区贸易往来频繁,合作交流密切。在21世纪"海上丝绸之路"建设过程中,广州更应当发挥其优势,改善区域经济结构,促进产业升级转型,增强创新能力，推进与沿线国家和地区的经贸合作，搭建互动平台，将广州真正打造为 21 世纪"海上丝绸之路"上的国际商贸中心。

3. 粤港澳开放合作聚集区

《愿景与行动》中明确了沿海和港澳台地区的定位，特别强调粤港澳合作。提出要充分发挥深圳前海、广州南沙、珠海前琴、福建平潭等开放合作区，深化与港澳台合作，打造粤港澳大湾区，积极助力 21 世纪"海上丝绸之路"的建设。广州处于粤港澳中心地带，应当积极对接深圳珠海，深化与港澳合作，协同福建等周边地区发展，将广州打造成为粤港澳开放合作的聚集区。

（二）广州参与建设 21 世纪"海上丝绸之路"的优势

1. 广州位置优越，交通便利

广州位于珠江三角洲北缘，濒临中国南海，毗邻港澳，是中国通往世界的南大门。由于珠江口岛屿众多，水道密布，有虎门、蕉门、洪奇门等水道出海，使广州成为中国远洋航运的优良港口和珠江流域的进出口岸。广州与 21 世纪"海上丝绸之路"沿线国家和地区隔海相望，一直以来是我国通往东南亚、大洋洲、中东和非洲等地最近出海口。优越的地理位置，便利的航运，给广州参与建设 21 世纪"海上丝绸之路"提供了新机遇和新平台。

2. 广州是古代海上丝路的发祥地

广州位于南海之滨，凭借自身拥有的海上交通中心优势，成为中国古代海上丝绸之路的发祥地，是史上唯一逾两千多年长盛不衰的大港。[14] 从两汉时期起，广州就开始成为海上丝绸之路的主要港口，到唐宋时期成为中国乃至世界著名的港口城市，由广州经过南海、印度洋，到达波斯湾各国的航线，是当时世界上最长最重要的远洋航线。清朝闭关锁国时期，广州十三行也是中国唯一对外开放的贸易机构。在这个过程中，广州留了丰富的海上丝绸之路遗产，不仅包括众多现存遗址，还包括不可胜数的精神文化遗产。在海上丝绸之路发展的历史上，广州一直都扮演着非常重要的角色和作用。

3. 广州是华人华侨情感的寄托地

广州市华侨众多，是全国最大的侨乡都市。广州市有海外华侨华人、港澳同胞等近 400 万人，分布在 130 多个国家和地区。广州华侨华人投资的企业，占据全市外资企业总数的 70% 以上。[15]华侨华人不仅支持大力支持广州市的建设，还发挥着桥梁的作用，为广州发展对外贸易，开拓国际市场，加强与 21 世纪"海上丝绸之路"沿线国家和地区的经贸交流与合作，做出了重要的贡献。同时，分布在 21 世纪"海上丝绸之路"沿线国家和地区的华侨华人，能够更好地传播中华的文化，增强当地对中国的了解和认知，有利于 21 世纪"海上丝绸之路"倡议与沿线国家和地区更好地对接。

4. 广州是对外开放的前沿阵地

广州作为最早对外开放城市，破除了发展的掣肘，增添了前进的动力，推动了创新的进步，建立了健全的发展体制、雄厚的工业基础、成熟的贸易渠道。同时，广州地处广东省及珠三角地区中心，具有连通全球、衔接港澳、辐射华南纵深腹地的独特优势，为总部经济发展奠定了坚实的基础。[16]从改革开放后，广州的工农产业产值就持续稳定增长，对外贸易亦是蓬勃发展，国民经济以年均 13% 的速度持续增长，综合经济实力居于中国城市第三位。截至 2015 年底，广州累计吸收全球 136 个国家和地区的外商直接投资企业 26 945 家，实际使用外资总额 753.4 亿美元。[17]对外开放的优势，以及由此形成的雄厚的产业基础和高水平的经济发展态势，为广州更好参与建设 21 世纪"海上丝绸之路"，发挥桥头堡和排头兵的作用奠定坚实的基础。

（三）广州参与建设 21 世纪"海上丝绸之路"的实施路径

1. 完善政策方案，做好总体规划

广州市应当成立专门领导小组和专家委员会，全面调研和考察广州的具体情况，完善参与建设 21 世纪"海上丝绸之路"的政策方案，做好各项工作的总体规划，对广州建设 21 世纪"海上丝绸之路"提供更加科学合理的指导，更好地发挥广州的优势。同时，广州的政策方案和总体规划应当

和广东省以及全国建设 21 海上丝绸之路的方案和规划互相衔接，在立足自身特色的基础，为广东省和全国建设 21 世纪"海上丝绸之路"战略服务。此外，广州也应当积极利用国家各项政策的叠加优势，抓住对外开放城市、自贸试验区等政策契机，将各项政策调动起来，形成良性互动，更好地服务于 21 世纪"海上丝绸之路"的建设。

2. 夯实基础，做好与沿线国家和地区互联互通建设

广州应当在现有基础上，加速推进铁路、公路、港口建设，完善陆海空交通设施，将广州打造成为 21 世纪"海上丝绸之路"的交通枢纽。首先完善铁路公路网络建设，推进高速化、国际化路桥经济发展，在陆路上促进与从南亚、南亚等地的互联互通和区域合作。其次加强广州港的建设，推动广州港与 21 世纪"海上丝绸之路"沿线港口积极对接，深化交流合作，组建港口联盟，加强海上互联互通。最后做好广州白云机场建设和维护工作，增添到 21 世纪"海上丝绸之路"沿线城市的航线，加强航空合作，推进空中互联互通。

3. 建立平台，探索区域合作新模式

首先广州应当建立若干重要战略支点，形成网格化、多层次的沟通协调机制。[18] 通过建立经贸、金融、信息等服务中心和交流机构，发展友好城市等方式，提升广州的辐射力和影响力。其次，构建多方位、切实可行的合作平台。推动与 21 世纪"海上丝绸之路"相关的论坛、博览会等平台搭建。利用现有南沙自贸区为依托，深化粤港澳贸易自由化进程，辐射 21 世纪"海上丝绸之路"沿线国家和地区，建立探索国际区域合作新模式。

4. 互利共赢，推动各领域务实合作

首先加强经贸合作。广州应当充分发挥广交会的作用，开展经贸交流活动，着力扩大与沿线国家进出口贸易规模。其次加强投资合作。广州应当鼓励支持投资引进来和企业走出去，在推动广州自身建设的同时，带动沿线国家和地区的发展，为当地创造更多就业机会。最后，广州也应当在旅游、人文、海洋科技等领域加强与沿线国家和地区的合作，互通有无，

推动沿线国家和地区协同发展。

四、深圳参与建设 21 世纪"海上丝绸之路"

推动"一带一路"建设，是我国统筹国内国际两大局，顺应地区和全球合作潮流，推动中国以及沿线国家和地区发展的重大倡议和构想。深圳地理位置优越、市场经济发达、产业基础雄厚，在共建 21 世纪"海上丝绸之路"中具有独特的优势。深圳如何明确城市定位、发挥自身优势，抓住重要契机，参与到我国新一轮改革开放战略中来，是需要考量的重要问题。

（一）深圳参与建设 21 世纪"海上丝绸之路"的定位

深圳参与建设 21 世纪"海上丝绸之路"，不仅是新时期国家战略赋予的重任，更是其在新一轮改革开放，提升城市核心竞争力和影响力，建设国际化、现代化城市的必然要求。在 21 世纪"海上丝绸之路"建设中，深圳抢抓机遇，积极作为，致力将深圳打造成为海上丝绸之路上的战略枢纽城市、经济中心城市、国家创新型城市。

1. 战略枢纽城市

深圳第六次党代表报告会中，对深圳在国家"一带一路"建设中扮演的角色提出了明确要求，提出将深圳打造成为 21 世纪"海上丝绸之路"的战略枢纽。[19]在参与建设 21 世纪"海上丝绸之路"过程中，深圳主动谋划、积极作为，充分发挥其作为特区、身为自贸区、地处大湾区的独特优势，加速推动自身经济发展，扩大开放格局，促进经贸合作，致力于将其打造为 21 世纪"海上丝绸之路"的战略枢纽。

2. 经济中心城市

深圳已经是全国经济中心城市，经济总量长期位居中国大陆第四位，是中国大陆经济效益最好的城市之一。2016 年，深圳市生产总值 19 492.6 亿元，同比增长 9%；固定资产投资 4 078.2 亿元，增速达 23.6%，创 22 年新高；社会消费品零售总额 5 512.8 亿元，增长 8.1%。质量效益"好中更优"。进出口总额 2.75 万亿美元，其中出口 1.64 万亿元，连续 23 年居国内城市首位。[20] 在 21 世纪"海上丝绸之路"建设过程中，深圳不仅要成为中国经济中心城市，更要在现有经济基础上，提高深圳的国际化水平，扩大在国际上的影响力，争取将深圳打造成为 21 世纪"海上丝绸之路"上的经济中心城市。

3. 国家创新型城市

创新是驱动经济发展的引擎，一直以来，深圳都坚持将创新作为城市发展的主导战略，三次位居福布斯中国大陆创新城市榜首。不仅建立创客引导基金，建设创新平台与载体，还放眼国际科技前沿，建设国际化新型研发机构。在参与建设 21 世纪"海上丝绸之路"过程中，深圳依然坚持"国家创新型城市"的发展定位，加快自主创新示范区建设，支持企业参加沿线国家建设，将创新成果惠及沿线国家和地区。

（二）深圳参与建设 21 世纪"海上丝绸之路"的优势

1. 地理位置优越，海空港口优良

深圳毗邻港澳，处于粤港澳大湾区的中心地区，在海上丝绸之路上也是四通八达。从深圳的港口前往东亚、东南亚、南亚、西亚、非洲等国家非常便利，与东盟、南亚、南太平洋国家之间的海上距离最短。同时，深圳港还拥有世纪第三大集装箱港口、中国第四大航空港，吸引了 270 多家世界 500 强企业在深圳安家落户，在全球 120 多个国家设立境外企业和机构 3700 多家。

2. 多重政策叠加，是对外开放的前沿阵地

从 1980 年 8 月正式设立深圳经济特区以来，已经有三十年的历史。三十年的对外开放历程，使深圳从一个小渔村转变为一个国际化都市。21世纪"海上丝绸之路"沿线大多数国家和地区，目前的发展水平正处于工业化进程中的初期阶段，他们的发展主题是急需寻找一条适合自己国家或地区情况的摆脱贫困、实现多元和现代化的发展道路。[21] 而深圳经济特区的成功模式，对于 21 世纪"海上丝绸之路"沿线国家来说，是一个可以复制和借鉴的成功案例。除此之外，深圳还集深港合作、一带一路、自贸区

三大国家战略使命于一身,成为国内开放度最高、比较优势最突出的国家战略新区之一。多重政策的叠加优势,使深圳在打造 21 世纪"海上丝绸之路"节点城市时有较强的优势。

3. 产业基础雄厚,创新优势明显

深圳经历三十年改革开放的快速发展,市内生产总值历年居于全国前列,第一产业、第二产业和第三产业发展增速快,规模完善、基础雄厚,对外贸易连续二十三年居于全国首位。创造了世界工业化、城市化、现代化史上的奇迹。近年来,深圳在生物、新能源、新材料、文化创意、新一代信息技术等七大新兴产业规划政策的实施,使深圳成为国内新兴产业规模最大、集聚性最强的城市。此外,深圳作为"创新之都",是人才聚集之地,在"互联网 +"和信息流时代,深圳开放度高,创新环境好,其创新的思维以及市场化的理念具有重要的影响和带动作用。在参与建设 21 世纪"海上丝绸之路"过程中,深圳雄厚的产业基础、高水平的经济发展以及勇于创新的精神具有重要的支撑作用,不仅能够给沿线国家和地区的现代化进程带来经验和独特模式,还能给沿线国家和地区的发展注入新的活力,对沿线地区国家和地区的经济产生重要的影响。

4. 与沿线国家贸易往来基础深厚

作为对外开放的试验田和先行地,首先深圳与 21 世纪"海上丝绸之路"沿线国家一直以来都保持良好的经贸往来,相互间贸易额数量可观,呈逐年上升趋势。数据显示,2014 年,深圳与"一带一路"沿线国家进出口总额为 827.3 亿美元,占全市进出口总额的 17%,占我国与"一带一路"沿线国家进出口总额的 7.4%。[22] 其次深圳与 21 世纪"海上丝绸之路"沿线国家和地区合作领域广泛,目前已经在信息、农业、能源、资源开发等领域展开务实合作。截止到 2014 年底,深圳累计从"一带一路"沿线国家引资 18.62 亿元;对外投资与合作项目总金累计达到 17.02 亿美元。深圳与 21 世纪"海上丝绸之路"沿线国家和地区深厚的贸易往来与合作基础,对于未来深圳参与共建 21 世纪"海上丝绸之路"具有重要的意义与价值,是

深圳具有的显著优势。

（三）深圳参与建设 21 世纪"海上丝绸之路"相关措施

1. 强化互联互通，发挥枢纽作用

深圳的地理位置优越，位于粤港澳大湾区核心，临近西太平洋－印度洋国际主航道。因此深圳应当加强海港、空港、信息港"三港联动"，完善航线网络，加快机场设施建设，推动与沿线国家和地区信息交流与对接，强化全方位多层次的互联互通，真正发挥深圳的枢纽作用，为推动 21 世纪海上丝绸建设贡献力量。

2. 突出创新优势，集聚创新力量

深圳的城市定位之一是国家创新型城市，因此深圳继续将创新驱动作为城市发展主导战略，加快国家自主创新示范区建设，与沿线国家开展全方位、多层次、高水平的合作。深圳可以以前蛇口自贸区为载体，探索创新的试点，向沿线国家和地区推广创新经验。同时，应当加强高端人才培养和引进，集聚创新力量，为深圳参与建设 21 世纪"海上丝绸之路"提供人才支持。

3. 加强人文交流，促进民心相通

深圳是我国最大的移民城市，是多种文化的集聚地，形成了对文化的一种包容开放的态度。深圳在参与建设 21 世纪"海上丝绸之路"过程中，应当与沿线国家和地区加强人文交流，在旅游、文化、科教等方面展开合作，广泛开展人员互访与往来活动，营造友好的人文氛围。同时可以与沿线城市结为友好城市，推动国际城际间的友好往来与交流合作。

4. 推动优势互补，深化贸易合作

深圳与 21 海上丝绸之路沿线国家和地区各自的优势不同，深圳在电子信息产品、服装类生活消费品以及工业制成品方面产能高、物资充足。但是在成品油、清洁燃气、农副产品等资源方面匮乏。但沿线国家和地区资源充足，创新与制造能力却有所欠缺。因此从共建 21 世纪"海上丝绸之路"的角度看，深圳与沿线国家和地区的贸易规模仍然不足，深圳应当加大互补性双边贸易。[23] 同时,沿线大部分国家和地区处于国际产业分工体系的中低端,深圳经济发展水平高,在国际产业分工体系中处于中高端环节,其中电子产业、部分战略性新兴产业具有较强的国际竞争力。深圳应当积极主动与沿线国家加大电子信息产业、新兴产业的合作投资,提升深圳在参与这一领域的话语权。[24]

五、总结

在国家建设 21 世纪"海上丝绸之路"过程中,广东省积极参与,发挥着重要的作用。不仅从全省角度对其参与建设 21 世纪"海上丝绸之路"进行整体布局,而且还利用自贸试验区的特殊优势,为广东省提供有力的帮助。此外,广州、深圳等重点城市也积极发挥自身优势、调动各方力量,助力 21 世纪"海上丝绸之路"的建设,形成了全省协同共建海上丝绸之路的"一盘棋"态势,发挥着不可忽视的作用。

参考文献

[1] 邹伟勇，金祎.广东省建设21世纪"海上丝绸之路"战略枢纽的交通协同策略 [J].规划师，2016（2）：38-45.

[2] 于之倩，杜文洁.广东"一带一路"经贸合作的战略选择 [J].市场经济与价格，2016（12）：4-7.

[3] 林恺铖.地缘经济视域下广东省参与"一带一路"建设的战略框架 [J].东南亚纵横，2015（9）：11-18.

[4] 广东省人民政府办公厅.广东省人民政府办公厅关于印发广东省综合交通运输体系发展"十二五"规划的通知 [EB/OL].（2012-09-29）.http：//zwgk.gd.gov.cn/006939748/201211/t20121122_355677.html.

[5] 广东今年将建成9条高速实现"县县通高速" [N].湛江晚报，2015-5-8.

[6] 李妍.通达欧非美澳连接"空中丝路" [N].广州日报，2015-8-5.

[7] 曾路.广东区位的地缘政治与地缘经济分析 [D].暨南大学博士论文，2005（9）.

[8] 中华人民共和国国家统计局.2014年中国的国内生产总值为636 462.7亿元 [EB/OL].（2015-06-17）.http：//data.stats.gov.cn/easyquery.htm？cn=C01.

[9] 广东省统计局.2014年全年广东经济运行情况新闻稿 [EB/OL].（2015-05-06）.http//www.gdstats.gov.cn/ydzt/jjxsxwfbh/201505/t20150506_296435.html.

[10] 国发〔2015〕18号.国务院关于印发中国（广东）自由贸易试验区总体方案的通知 [EB/OL].（2015-04-20）.http：//www.gov.cn/zhengce/content/2015-04-20/content_9623.htm.

[11] 羊城晚报.广东自贸试验区三大片区概况 [EB/OL].（2015-03-25）.http：//news.163.com/15/0325/14/ALIESS9O00014AED.html.

[12] 刘捷,袁忠.广东省参与"一带一路"建设的独特优势及对策研究 [N]. 岭南经济论坛暨广东社会科学学术年会分会场,2015:250-256.

[13] 王珺.广州在"一带一路"建设中应承担三大角色定位 [EB/OL].(2015-06-27).http://www.gdass.gov.cn/ExpertsIntroduction_3757.shtml.

[14] 人民网.海上丝绸之路的三大著名港口 [EB/OL].(2014-05-20).http://history.people.com.cn/n/2014/0520/c385134-25040938.html.

[15] 中国广州网.侨乡侨情 [EB/OL].(2013-03-13).http://www.guangzhou.gov.cn/node_2090/node_2134/.

[16] 南方日报.广州总部经济发展能力摘得"探花"[EB/OL].(2014-06-20).http://epaper.southcn.com/nfdaily/html/2014-06/20/content_7318830.htm.

[17] 新华网.2016广州国际投资年会:"引资引智"人均最高补贴500万元 [EB/OL].(2016-03-23).http://news.xinhuanet.com/fortune/2016-03/23/c_1118422440.htm.

[18] 唐松,宋宗宏.21世纪"海上丝绸之路"建设广州的战略选择与关键问题 [J].城市观察,2015(1):57-64.

[19] 深圳商报.一带一路:深圳如何打造战略枢纽 [EB/OL].(2015-05-23).http://news.sina.com.cn/o/2015-05-23/065931866894.shtml.

[20] 深圳特区报.深圳2017年政府工作报告 [EB/OL].(2017-01-25).http://www.sznews.com/mb/content/2017-01/25/content_15173990.htm.

[21] 曲健.在"一带一路"上镶嵌"特区珍珠"[EB/OL].(2016-07-07).http://www.china.com.cn/opinion/think/2016-07/07/content_38827167.htm.

[22] 中国经济网.深圳在"一带一路"上的创新实践 [EB/OL].(2015-10-27).http://www.ce.cn/xwzx/gnsz/gdxw/201510/27/t20151027_6823561.shtml.

[23] 卢文刚.广东省参与"21世纪海上丝绸之路"建设的战略选择 [J].经

济纵横, 2015 (2) : 49-53.

[24] 伍凤兰, 陶一桃. 深圳参与共建 21 世纪"海上丝绸之路"的战略路径 [J]. 经济纵横, 2015 (12) : 85-86.

第五章

广西省参与"一带一路"建设政策研究

"一带一路"建设是整合国内资源，促进区域协调发展，实现东西互济的大战略，有利于统筹国内国际两个市场、两种资源，推动我国沿海、沿边、沿线地区对外开放和协调发展，是我国各省区的共同使命和责任。广西具有独特的区位优势和资源禀赋，在推动"一带一路"建设过程中扮演着重要的角色。广西应当抓住历史性的发展机遇，积极发挥东盟开放合作前沿优势，推进次区域合作，打造自贸区升级版等，加速建设"一带一路"有机衔接的重要门户和枢纽。

一、广西省参与建设"一带一路"

（一）广西省参与建设"一带一路"的定位

2015年3月28日，国家发改委、商务部、外交部联合发布《推动共建丝绸之路经济带和21世纪"海上丝绸之路"的愿景与行动》，其中对广西参与"一带一路"建设的定位是：发挥广西与东盟国家陆海相邻的独特优势，加快北部湾经济区和珠江—西江经济带开放发展，构建面向东盟区域的国际通道，打造西南、中南地区开放发展新的战略支点，形成丝绸之路经济带与21世纪"海上丝绸之路"有机衔接的重要门户。[1]

1. 面向东盟区域的国际通道

广西有着临近东盟的特殊地理位置优势，且一直是中国面向东盟开放合作的前沿和窗口。广西毗邻东盟的主要边境城市均已通达高速公路，广西北部湾港开通了 15 条直航东盟国家港口的集装箱班轮航线，港口吞吐能力超过 2 亿吨，南宁、桂林机场已开通与东盟 9 个国家的 23 条航班航线，与东盟国家互联互通基础坚实。广西壮族自治区政府正式印发的《广西构建面向东盟国际大通道实施方案》，提出拓展海上国际大通道、完善陆路国际大通道、提升空中国际大通道、建设内河国际大通道、打造信息国际大通道、大力发展多式联运六大任务。为今后加快推进广西国际道路运输便利化发展，加速打造国际大通道提供强有力的政策支持。[2] 广西利用自身优势和前期基础，打造面向东盟区域的国际通道，推动与东盟之间在各领域的交流与合作势在必行。

2. 西南、中南地区开放发展的战略支点

将广西打造成为我国西南、中南地区开放发展的战略支点，是提出"一带一路"倡议新时期，对广西新的战略定位和战略部署，是国家赋予广西的重大使命，也是实现广西腾跃发展和加快我国西南中南地区开放发展的重大战略。[3] 广西拥有与东盟国家陆海相连的独特区位优势，北部湾一湾连七国，毗邻粤港澳，背靠大西南，是我国西南地区最便捷的出海通道和区域发展新的战略支点。新时期，广西应当提升对外开放水平，充分利用广西区位、资源、劳动力等优势，积极引进先进人才和技术，以东盟为切入点，构建联通中国西南、中南地区和东盟以及区域外国家经贸往来的重要纽带，打造西南、中南地区开放发展的战略支点。

3. "一带一路"有机衔接的重要门户

广西是古代海上丝绸之路的重要发祥地，在历史发展过程中，在联通东南亚和南亚国家上一直扮演着重要的角色。据研究，早在两千年前的汉代，广西合浦就开通了到东南亚等地的海上航线。近年来，广西更是"海、陆、空、信"四路并进，加强联通东盟，衔接"一带一路"的互联互通基础设施建设。同时，广西坚持双向齐发，一条是海路，着力建设北部湾区域性国际航运中心、区域性国际商贸物流金融合作中心、港口城市合作网

络，畅通与海上丝绸之路沿线国家贸易往来。另一条是陆路，为构建中国—中南半岛经济合作走廊提供交通支撑，将海上丝绸之路与陆上丝绸之路联结起来。[4]

（二）广西省参与"一带一路"建设的优势

1. 海陆相通的区位优势

广西是我国唯一与东盟海陆相通的省份，其海陆边界线与东盟多个国家接壤。"十二五"期间，广西不断加强与东盟国家的合作，并实施了"陆路东盟"战略，开通了14条广西—东盟陆路运输路线，其中客运路线9条，货运路线5条，并实现了与越南公务车相互开行。在铁路交通方面，广西开通了直达越南的运输路线，并运用公铁联运等方式，接驳"苏满欧""郑新欧""渝新欧""蓉新欧"中欧班列，打通越南—（中越直达汽车运输）—（铁路）—俄罗斯—欧洲跨境物流运输线路，成为广西面向东盟、有机衔接"一带一路"的国际物流大通道。[5]除了陆路运输优势，广西还有绵长的海岸线，拥有防城港、北海等北部湾良港，目前北部湾已与7个东盟国家的47个港口建立了海上运输往来，29条外贸航线实现东盟主要港口全覆盖。海陆相通的地理区位，为广西形成21世纪"海上丝绸之路"衔接门户奠定了坚实的基础。

2. 经贸往来基础良好

20世纪90年代初，中国—东盟自贸区成立，广西与东盟国家的贸易额逐年增加，占据重要比重。从2006年至2015年，广西与东盟的贸易额从18.3亿美元增加到290.1亿美元，年均增长37.2%，10年实现翻四番。[6]截止到2015年，东盟连续14年成为广西最大的贸易伙伴和最大出口市场。其中2014年，广西对东盟进出口1221.8亿元，增长23.8%，其中出口1049亿元，增长34.4%，分别占同期广西进出口和出口总值的49%和70.2%。[7]广西很多企业把与东盟国家贸易当作是首选之地，双方贸易合作涉及面广，包括基础设施建设合作、农作物的栽培等方面，其中中马钦州产业园就是中国—东盟贸易合作的一个典范。广西与东盟良好的经贸合作，使得双方合作不断加深，利益纽带日益牢固，加强了广西在"一带一路"建设中发挥的重要衔接门户作用。

3. 文化联系密切

广西是古代丝绸之路的发祥地之一，早在秦汉时期，广西就已经是古代海上丝绸之路的重要途径点，与广西贸易合作的老挝、越南、柬埔寨等东盟国家在文化习俗上与广西文化相近，老挝的高脚屋、木屋等建筑与广西建筑相似，甚至广西的一些少数民族生活习性也与东盟一些国家的人民生活习性相似。不仅生活习俗相近，东盟国家与广西的往来越来越密切，现在东盟十国中有五国在广西设立领事馆，马来西亚也正在筹划在南宁设立总领事馆。在文化交流上，东盟国家的学生很多在广西高校学习，而广西很多高校也开设东盟国家语言的课程。双方还经常联合办培训课程，例如：中国—东盟青少年培训等。总之，广西与东盟国家文化联系紧密，为广西海上丝绸之路建设打造了坚实的人文基础。

4. 政策叠加优势突出

广西地处我国西南部，享受着国家西部开发的各项优惠，同时又是民族自治区，再加上广西是我国与东盟贸易交流的重要门户，国家优惠政策倾斜更加明显。首先是设立广西北部湾经济区，旨在把广西北部湾经济区建设成为中国—东盟开放合作的物流基地、商贸基地、加工制造基地和信息交流中心。其次是设立云南省广西壮族自治区沿边金融综合改革试验区，旨在促进沿边金融、跨境金融、地方金融改革先行先试，促进人民币周边区域化，提升两省区对外开放和贸易投资便利化水平，推动沿边开放实现新突破。此外，广西还拥有中国—东盟博览会、中国—东盟自贸区等平台，并重点打造"一廊两港两会四基地"等项目。

（三）广西省参与建设"一带一路"的对策建议

1. 完善交通网络，推进互联互通

打造广西海上交通枢纽建设，加快构建面向东盟的国际大通道，加强与东盟的互联互通。首先是陆路运输方面，加快构建广西与越南的"两高

两铁两桥"，争取将广西与中南半岛的东线交通设施建设纳入中国—东盟交通合作战略规划。其次是海运方面，充分利用北部湾区位于华南经济圈、西南经济区与东盟经济圈结合部的优势，推动北部湾区防城港、钦州港、北海港、铁山港等港口的建设，提升港区综合实力和竞争力。同时，还应当加强北部湾区港口与21世纪"海上丝绸之路"沿线港口的信息共享，促进相互间的交流合作。再次是航空方面，充分利用南宁、桂林两大干线机场，并且辅之以北海、柳州、梧州、百色等支线机场，搭建更多的通往东盟地区以及21世纪"海上丝绸之路"沿线其他地区的航线。最后是信息方面，积极搭建信息交流与共享平台，推动与东盟及其他地区在不同领域信息的共享与互通。

2. 深化重点领域的合作

围绕建设"一带一路"有机衔接的重要窗口这一目标，广西应当在商贸物流、金融领域、旅游娱乐等领域，同21世纪"海上丝绸之路"沿线国家和地区加强合作。首先在商贸物流领域，广西应当建设商贸物流园区，完善保税物流体系，创新发展传统贸易，发展跨境电子商务等新业态、建设中国（北部湾）自由贸易试验区、着力提高投资贸易便利化水平，促进贸易畅通。其次在金融领域，重点加强云南省广西壮族自治区沿边金融综合改革试验区建设，推动国际投资、保险等业务创新，充分发挥中国—东盟金融领袖论坛平台作用，健全完善中国—东盟金融交流合作沟通对话机制，促进资金融通。最后，旅游是促进经济合作的重要抓手。广西和东盟地区旅游资源都相当丰富，应当推动与东盟为主的海上丝绸之路沿线国家和地区跨国旅游合作，共享旅游资源与信息，共推旅游精品项目，以旅游促进人员、物资以及信息往来，推动区域经济发展。

3. 构建跨境产业链与产业服务链

广西首先应当不断完善跨境产业合作载体，以北部湾经济区、云南省广西壮族自治区沿边金融综合改革试验区、广西东兴国家重点开发开放试验区为依托，以中马、中泰、中印尼、文莱—广西等双边及广西区内重点园区为重点，深化与中南、西南以及东盟之间的产业合作，推进跨境产业链的形成。其次是加快跨境服务产业链合作平台建设。以南宁跨境贸易电子商务综合服务平台、中国—东盟跨境电子服务园、钦州保税港、凭祥综合保税区等物流园区为依托，构建大宗商品电子交易平台、跨境贸易平台等，以交易所、物流、商贸、金融等服务支撑体系，形成一批业态突出、特色鲜明的现代服务业集聚区，建成面向东盟、辐射西南中南、服务"一带一路"的服务业务产业链。[8]

4. 密切人文交流，促进民心相通

广西与东盟有着较强的文化交流基础，广西应利用这一优势进一步加深与东盟的人文交流，增进相互了解，赢得互信。同时广西作为与东盟国家沟通的桥梁，应鼓励与东盟政府机构、高校、非政府组织之间的交流。发挥广西与东盟开放合作中独有的历史、文化优势，使文化认同成为广西与东盟经济合作的黏合剂。在文化交流过程中，广西应当推进共建联合大学、中国—东盟医疗保健合作中心、中国—东盟传统医药交流合作中心、中国—东盟技术转移中心、中国—东盟减贫中心等重大项目（事项），深化教育、医疗卫生、文化体育、科技、旅游、友城等领域合作，夯实民心基础。[9]同时充分发挥广西的民间力量以及华侨华商在公共外交中的作用，为"一带一路"上的合作提供更好的咨询、服务和帮助。

二、推动广西北部湾经济区建设

2008 年 1 月 16 日，国家提出把广西北部湾经济区建设成为重要国际区域经济合作区，这是全国第一个国际区域经济合作区，目标是建成中国经济增长第四极。同期，国家批准实施《广西北部湾经济区发展规划》，指出广西北吴湾经济区是我国面向西部大开发和面向中国—东盟开放合作的重点区域，对于国家实施区域发展总体战略和互利共赢的开放战略具有重要的意义。2013 年，随着国家"一带一路"倡议的提出，广西迎来经济发展和对外开放新机遇，《愿景与行动》对广西参与建设"一带一路"定

位中明确指出，要加快广西北部湾经济区建设，为广西更好地参与建设"一带一路"以及国家大战略发展推进服务。

（一）广西北部湾经济区建设的整体布局和定位

广西北部湾经济区地处我国沿海西南端，由南宁、北海、钦州、防城港四市所辖行政区域组成，另外又加上玉林、崇左两个市物流区，即"4+2"。经济区占地纵面基为4.25万平方千米，广西北部湾经济区规划期为2006–2020年。

北部湾经济区的定位是，立足北部湾，服务西南、华南、中南，沟通东中西，面向东南亚，充分发挥连接多区域的重要通道、交流桥梁和合作平台作用，以开放合作促开发建设，努力建成中国—东盟开放合作的物流基地、商贸基地、加工制造基地和信息交流中心，成为带动、支撑西部大开发的战略高地和开放度高、辐射力强、经济繁荣、社会和谐、生态良好的重要国际区域经济合作区。[10]

争取到2020年，把北部湾建成我国沿海地区新的经济增长极。一是经济实力显著提升。到2020年，人均生产总值超过全国平均水平，经济总量占据广西的比重达到45%。二是经济结构更加优化。推动产业结构更加合理，三种产业协调发展，提升自主创新能力和水平，增强产业实力和竞争力。三是开放合作不断深入。北部湾经济区对外开放合作水平大幅提升，外贸外资规模明显扩大，国际区域经济合作区基本建成。四是生态文明建设进一步加强。海陆生态环境质量保持良好，成为南中国海海洋生态安全的重要屏障。同时节能减排效果显著，低碳经济和循环经济规模增大，基本形成资源节约型和环境保护型经济发展模式，经济可持续发展能力显著提升。五是人民生活全面改善。通过北部湾经济区建设，推动经济总量持续增长，社会就业更加充分，社会保障全面覆盖，居民收入和生活水平稳步提升。

"一带一路"是我国构建对外开放新格局的重大战略，是区域经济一体化的新模式。在"一带一路"历史新时期，广西北部湾又有了新的战略定位与发展目标。广西北部湾经济区是我国唯一与东盟海陆相连的经济区，是中国和东盟合作的前沿地带和重要门户，即使引领广西发展的"双核"之一，又是"一带一路""西进南下"的核心区。广西将加快推进中国"北部湾"自由贸易试验区的申报工作，推动东兴—芒街、凭祥—同登两个中越跨境经济合作区的建设，积极探索与东盟国家建设中国—东盟海洋合作试验区。[11] 北部湾经济区凭借着其面向东盟、港口众多，海运发达的独特优势，致力于成为广西参与建设"一带一路"的着力点和21世纪"海上丝绸之路"上的枢纽区。

（二）推动广西北部湾经济区发展的主要任务

1. 增强经济区政策竞争力

广西北部湾经济区设立后，出台了系列优惠政策，对于北部湾地区经济发展具有重要推动作用。但是相对于其他经济开发区开说，广西北部湾经济区政策支持力度还不够大，竞争力不足。因此应当增强经济区政策支持力度，首先应当制定可操作性更强的政策，切实地推动北部湾经济区的发展建设。同时简化行政审判程序，提高行政效率，简政放权，将政府指导和市场发挥结合起来。其次是加强政策宣传和推介，吸引更多企业参与到北部湾区建设中去，加强同东盟地区的交流合作，将北部湾区打造成为产业聚集区和对外开放示范区。最后是出台人才培养和引进政策，为北部湾经济区的发展建设提供智力支持。

2. 推动北部湾地区一体化建设

首先是对北部湾地区南宁、北海、钦州、防城港四市实行一体化改革。自2014年北部湾四市正式实行户籍同城化后，继续着力推动社保、公积金等领域的一体化进程，为北部湾经济区可持续发展建设奠定基础。其次是推动北部湾经济区在金融、国际物流、通关、跨境贸易等方面的一体化改革。2015年7月，广西北部湾开创中国通关领域先河，推行"六市一关"通关系统，区域内6个地级市的7个隶属关区和4个海关特殊监管区，视同一个大的隶属关区，推动了北部湾经济区对外贸易的便利化进程。在此基础上，北部湾经济区应当进一步依托东兴—芒街、凭祥—同登跨境经济合作园区、钦州保税港区，推动各市积极构建保税物流体系建设，深化在国际物流、出口加工建设等领域的合作内容，增强各市在不同领域协同发展于一体化建设。

3. 推动临港产业带建设

广西北部湾经济区位于我国沿海西南端，海岸线长达 1595 余千米。其中北海、钦州、防城港三市位于北部湾核心区域，是中国—东盟自由贸易区、大湄公河次区域、泛北部湾经济合作区、中越"两廊一圈"等多个经济合作的交汇融合点。也是我国华南经济圈、西南经济圈与东盟经济圈的重要连接地，是我国与东南亚各国进行交往和全面合作的重要桥梁。[12]广西北部湾经济区应当利用其独特的优势，推动临港产业带的建设。首先是注重港口的基础设施建设，改善集疏运条件。应当提升政策支持力度、推进合理规划，优化配套设施，为广西北部湾临港产业带的构建做好基础条件保障。其次是注重港口资源整合，实现港口效益最大化。推动对北海港、钦州港、防城港这 3 个港区的科学整合，明确分工，合理配置资源，加速管理体制改革，形成广西沿海一体化港口群，提升港口国际竞争力。最后是加快人力资源开发，培养临港高科技人才。广西北部湾港区产业发展，应当根据临港产业发展需要，加速培养和引进新兴产业的专业人才，为北部湾临港产业的发展提供人才支持。

4. 构建对外开放新格局

广西北部湾经济区应当积极构建对外开放新格局，以开放合作促开发建设。北部湾经济区作为广西对外开放合作的基础和前端，应当积极参与中国—中蒙自贸区建设、泛北部湾合作和大梦共和大湄公河次区域合作，推动南宁至新加坡经济带建设，深化以泛珠三角、大西南各省区市等区域合作，在多区域合作中获得更多的资源，提升广西的发展。具体方面，首先是依托北部湾经济区外贸转型升级示范基地等外向型平台，充分发挥沿海市在加工贸易和物流保税的建设，推动相关领域的自身建设和开发合作水平。其次是加强合作园区建设，支持临港产业园区扩大外向型经济规模，推动南宁、北海、钦州等地外向型经济的进一步发展。最后充分利用中国东盟博览会和泛北部湾经济合作等平台，把北部湾打造成为中国—东盟战略合作先行区和对外开放的窗口。

三、推动珠江—西江经济带建设

2014 年 7 月，国务院批复《珠江—西江经济带发展规划》，标志着珠江－西江经济带将上升为国家战略。批复指出，要坚持开放引领，着力构筑开放合作新高地，努力把珠江—西江经济带打造成为我国西南、中南地区开放发展新的增长极，为区域协调发展和流域生态文明建设提供示范。[13]同时，《愿景与行动》对于广西参与建设"一带一路"提出的要求中，明确指出要加快北部湾经济区和珠江—西江经济带开放发展。由此可见，珠江—西江经济带在"一带一路"建设过程中扮演着重要的角色。因此，广西应当着重推动珠江—西江经济带建设，为建设"一带一路"贡献力量。

（一）珠江—西江经济带规划的整体布局和定位

珠江—西江经济带横贯广东、广西，上联云南、贵州，下通香港、澳门，在全国区域协调发展开放合作中具有重要战略地位。

珠江—西江经济带规划的范围包括广东省的广州、佛山、肇庆、云浮4 市和广西壮族自治区的南宁、柳州、梧州、贵港、百色、来宾、崇左 7 市，总面积达 16.5 万平方千米。此外，根据流域特点，将广西桂林、玉林、贺州、河池等市以及西江上游贵州黔东南、黔南、黔西南、安顺，云南文山、曲靖的沿江部分地区作为规划延伸区。[14]

总体来看，珠江—西江经济带是以"一轴、两核、四组团"来进行空间布局的。一轴是指以珠江—西江主干流区域为轴带，包括广州、佛山等七市，主要是加快道路基础设施建设，加强流域环境保护，形成多层次经济增长中心。两核是指强化广州和南宁作为经济带双核的作用，发挥其连接港澳、面向东盟、服务周边的作用，成为引领经济带开放发展和辐射带动西南中南的战略高地。四组团是指重点建设广州—佛山、肇庆—云浮—

梧州—贵港、柳州—来宾、南宁—崇左—百色四组团，引导产业和人口集聚，形成优势互补、分工协作的区域发展板块。[15]

珠江—西江经济带建设的定位主要包括以下几个方面。一是打造西南中南开放发展战略支撑带。珠江－西江流域位于西南中南、粤港澳以及东盟地区的交接地带，应当充分利用其区位优势，大力推进珠江—西江经济带建设，扩大对外开放合作的层次和水平，促进广西着力打造西南中南开放发展战略支点。二是打造东西部合作发展示范区。珠江－西江经济带打破行政区划，将东部西部地区有效连接起来，为东西部地区的交流合作与协同发展提供条件。

三是打造流域生态文明建设试验区。在推进珠江—西江经济带建设同时，要坚持绿色低碳发展，加强对流域生态环境保护。四是打造海上丝绸之路桥头堡。珠江—西江经济带在推进"一带一路"建设过程中，扮演着重要的角色。因此，应当实施更加积极主动的开放战略，充分发挥广州、南宁双核的带动作用，重点加强与东盟在经贸、产业、金融等领域的合作，发挥珠江－西江经济带在外接东盟、内联西南中南地区的枢纽作用。

（二）推动珠江－西江经济带建设的具体措施

1. 协同推动重大基础设施建设

推动基础设施建设是促进珠江—西江经济带发展的前提。因此广西应当立足珠江—西江干线航道，积极构建陆海空联运的立体交通网络，同时推动能源、水利等基础建设，促进区域经济的发展。首先是打造互联互通大通道。广西在推动珠江—西江经济带发展中，应当加强流域水运基础设施建设，完善航道网络，并促进铁路和机场的建设，构建立体综合交通网络，打通联通东西部、西南中南以及通往同盟的互联互通大通道。其次是建立安全清洁的能源保障体系和水利保障能力。广西在推动珠江—西江经济带建设的过程中，应当发挥经济带内不同地区的资源优势，加强清洁能源的开采和利用，推动清洁能源基地和体系构建，同时加大对流域干支流的治理，提高城镇供水安全保障能力，并健全防汛抗旱应急系统。

2. 构建珠江—西江生态廊道

珠江—西江经济带的定位之一就是打造流域生态文明建设试验区。因此，推进珠江—西江生态廊道，是建设经济带的必然举措。一是需要构建生态安全格局。打造山区生态林、沿江绿化带等生态屏障，建设珠江防护林，涵养水源，保持水土，严格划定林地和森林、湿地、物种等生态红线，为珠江—西江流域生态环境保驾护航。二是加强岸线保护与利用。科学规划，合理利用流域岸线，根据不同岸线的情况，采取合理的开放节奏和强度，争取既能充分利用，又能全面保护。三是节约集约利用资源。要强化水资源合理利用，节约集约利用土地资源。同时着力发展循环经济，推进节能减排与节能减耗。四是加强环境保护。一方面要建立水资源保护和水污染防治协作机制，推动跨境河流水污染的治理。另一方面要开展大气污染区域联防联控，强化对大气污染的防治。

3. 推动区域产业一体化进程和协同发展

利用经济带的纽带作用，加强各地区产业之间的交流合作，推动珠江-西江产业经济协同发展，对于加强优势互补，做大做强经济带具有重要的意义。首先是加快工业转移升级。根据立足不同城市产业特点和优势，着力培育特色优势产业，发挥每个城市最大产业效能。同时重点发展生物、新一代信息技术、新材料、新能源汽车、轨道交通装备等战略性新兴产业。其次是大力发展现代服务业。着重推动现代物流业、高技术服务业、金融服务业、信息服务平台、旅游业、健康服务业、会展服务业等现代服务业的发展。最后是做大做强珠江—西江经济带的特色农业，加强与东盟国家在农业领域的合作。

4. 共创开放合作新高地

为推动珠江—西江经济带建设，应当实行更加积极主动的开放合作战略，不仅要推动西南中南地区开发合作水平，还要打造国际经济合作新高地。首先是要推进粤桂合作特别实验区建设，打造广东广西协同发展的新平台，推动东西部一体化进程。其次是构建开放合作支撑平台，鼓励临近城市开展跨区域产业合作，共建产业园区，同时支持符合条件的省级开发区升级为国家级开发区。最后是加强对内对外开放合作。一方面是深化与港澳的合作，推动双方在投资、金融、贸易等领域的交流。另一方面是深化拓展国际区域合作，不仅要积极参与中国—东盟自贸区建设，而且还要充分利用中国—东盟博览会、中国—东盟商务与投资峰会等平台，加强交流合作，拓展服务范围。

四、南宁打造连接"一带一路"重要节点城市

随着国家"一带一路"建设的提出，广西在国家对外开放大局中地位更加突出。南宁作为北部湾经济区和珠江—西江经济带中重叠的城市，是广西双核驱动战略的重点城市，同时也是深化中国与东盟国家政治经贸文化等多方面合作的重要渠道。因此，广西参与建设"一带一路"，应当重点推动"南宁渠道"升级版，将南宁打造成为连接"一带一路"的重要节点城市。

（一）南宁打造连接"一带一路"重要节点城市的优势

1. 地理位置优势

南宁面向东南亚，背靠大西南，东临粤港澳琼、西接印度半岛，是东南沿海和西南腹地两大经济区的结合部以及东南亚经济区的连接点，是新崛起的大西南出海通道枢纽城市。在西部大开发和中国—东盟自由贸易区中，南宁具有承东启西、连南接北的区位优势。[16] 同时南宁处于中国—东盟版图的"中心"位置，以及丝绸之路经济带与海上丝绸之路的交汇点，地理位置独特，在广西融入"一带一路"建设过程中地位重要、优势明显。

2. 对外贸易优势

南宁自古以来就是中国南部著名商埠和主要物资集散地。国家实行对外开放以后，南宁成为广西区域性物流、资金流和信息流的交汇中心。2016年，南宁市与"一带一路"沿线62个国家进出口额达到64.89亿元人民币，同比增长13.5%，占全市进出口额比重15.6%；9家企业在"一带一

路"沿线国家进行投资，协议投资总额达 3.5 亿美元。[17] 国家赋予广西"三大定位"，使南宁迅速对接并融入"一带一路"建设，外经贸发展迈入历史上的黄金期，开出了令人艳羡的开放之花。

3. 历史机遇叠加优势

第一，南宁是北部湾经济区和珠江—西江经济带的核心城市，2017 年 1 月国务院批复环北部湾城市群中要把南宁作为内陆开放型经济高地的重要举措和面向东盟核心城市和特大城市。第二，2017 年 3 月，国家发改委同意将五象新区升格为国家级新区，为南宁的发展提供政策支持。第三，南宁是东盟博览会的永久举办地，也是"南宁渠道"的发源地，同时拥有中国—东盟自贸区升级版加快建设的历史机遇。第四，国家提出"一带一路"大战略，并赋予广西"三大定位"，为南宁走向世界提供更加广阔的舞台。

（二）南宁打造连接"一带一路"重要节点城市的实施路径

1. 加强政策支持力度

南宁市要积极开展参与建设"一带一路"定位研究，做好政策规划与指导，推动政策、项目、资金之间的具体对接，初步建立南宁市参与"一带一路"建设项目储备库，编制科学合理、切实可行的南宁市参与建设"一带一路"总体方案。[18] 同时，积极配合广西参与大湄公河次区域的相关规划，加强与周边城市的交流合作与协同发展，积极为企业搭建资源与信息共享平台。

2. 深化互联互通，构建综合交通枢纽

加强与沿线国家的开放合作，构建连接"一带一路"的互联互通、方便快捷的国际大通道和综合交通枢纽。一是打造互联互通出海出边陆路通道。推动南宁—新加坡铁路和高等级公路网建设，加快形成南宁—河内—金边—曼谷—吉隆坡—新加坡运输通道，形成以连接北部湾沿海经南宁到昆明的铁路和高速公路为主体的西向通道。二是推进空中通道建设。完善南宁机场基础设施，增加到达"一带一路"沿线国家和地区的航线。三是

信息互通平台的构建也不容忽视。中国—东盟信息港南宁核心基地建设已经全面启动，应当在此基础上，推动中国与东盟的"信息丝绸之路"建设。

3. 建设面向东盟区域性电商总部和物流集散中心

大力推动"电商广西""电商东盟""电商丝路"工程建设，加快在南宁布局建设国家级电子商务示范基地。着力打造亚马孙西南区电子商务物流配送中心、阿里巴巴南宁产业带、"一带一路"商务信息交流化中心等重大项目，形成具有重要辐射力和影响力的电子商务平台。[19]同时在南宁布局集内外贸于一体，辐射带动能力强的大型综合贸易市场，将南宁打造成为面向东盟、联合中南西南地区，对接"一带一路"的物流集散中心。

4. 增强区域性金融中心辐射力

广西应当着力把南宁打造成为功能完备的区域性资金融通中心、金融产业中心、金融市场中心、金融信息中心和金融监管中心。充分利用亚洲基础投资银行和丝路基金的金融杠杆效应，增强金融集聚和辐射能力。抓住国家建设云南省广西壮族自治区沿边金融综合改革试验区的契机，助力南宁金融机构创新业务产品，开展跨区域金融服务。同时，应当加强东盟及"一带一路"沿线其他地区在金融领域的交流合作，服务"一带一路"建设。

五、钦州打造 21 世纪"海上丝绸之路"新枢纽

钦州是古代海上丝绸之路的重要始发港，自古以来都与东南亚国家有着密切的贸易往来，是我国西南地区对外开放的窗口。随着"一带一路"建设的提出，钦州迎来了对外开放的新机遇，应当充分利用其区位、港口、平台等优势，融入 21 世纪"海上丝绸之路"建设，打造 21 世纪"海上丝绸之路"的新枢纽。

（一）钦州打造 21 世纪"海上丝绸之路"新枢纽的战略意义

钦州市自古以来就是我国南方的一个重要开放窗口，经北部湾港口将茶叶、瓷器运送向东盟和欧洲国家。随着我国"一带一路"伟大构想的提出，

为钦州打造 21 世纪"海上丝绸之路"新枢纽、新门户创造了机遇。钦州独特的地理位置以及港口特点等优势，使其在 21 世纪"海上丝绸之路"建设中扮演着重要的角色。将钦州打造成为广西"海上丝绸之路"新枢纽具有重要的战略意义与价值。

一是有利于贯彻落实党中央重大决策战略。党的十八届三中全会要求今后在建设"一带一路"上要形成更加开放的格局。这为钦州的发展建设提供了政策支持。同时钦州是连接东盟地区的门户港，着力打造 21 世纪"海上丝绸之路"新枢纽，即时自身发展的需要，又是加强同东盟地区合作的需要，也是推进 21 世纪"海上丝绸之路"建设的需要。

二是有利于联通东盟城市，促进中国—东盟自贸区发展。钦州港与东盟其他港口有战略合作关系，打造钦州市成为新枢纽可以促进与东盟城市的互联互通，为区域经济合作打下基础，对中国—东盟自贸区的升级具有重要意义。

三是有利于促进钦州港经济增长。近年来，钦州一直保持稳步发展，但是相较于其他发达城市来说，仍然存在很大差距。钦州需迫切需要实现更高水平的发展，而打造钦州市成为 21 世纪"海上丝绸之路"新枢纽，不仅可以帮助钦州获得更多的政策支持，还能使钦州港成为对外贸易的新平台，再现钦州港往日盛况，促进钦州港经济长足增长。

（二）钦州打造 21 世纪"海上丝绸之路"新枢纽的优势

1. 地理位置优越，港口条件良好

钦州港位于我国北部湾顶部，背靠大西南，面向东南亚，是广西沿海"金三角"的中心门户，是我国西南地区最便捷的出海通道，地理位置十分优越。同时，钦州港港阔水深、浪潮大、回淤少，是我国深水良港之一。钦州市所辖海岸线西起钦防界茅岭江口，东至北钦界大江口，岸线总长 520.8 千米。港口规划岸线 96.89 千米，其中深水海岸线 68.98 千米，可建 1~80 万吨深水泊位 200 个，其中 10 万吨以上 35 个，年吞吐能力可达亿吨以上。到 2014 年，钦州港已建成近一百个泊位，其中万吨泊位 38 个。开通至越南海防、马来西亚关丹、新加坡等 30 多条班轮航线。同时，北部湾千万标箱集装箱干线港全面启动，成功引进新加坡国际港务集团、丹麦马士基集团等国际港口运营商，开展钦州港大榄坪 50 平方千米整体开发战略合作，引进了集装箱货运站（CFS）等项目。[20]

2. 历史渊源深厚

钦州与海上丝绸之路渊源深厚，是古代海上丝绸之路的发源地和始发港之一。早在两千多年前的汉代，就已经成为海上丝绸之路的一部分。合浦郡（现在钦州市浦北泉水镇旧州港）是中国古代海上丝绸之路最早的始发港。《汉书·地理志》两次谈到汉代"海上丝绸之路"航船启程，这是史籍中关于汉代合浦郡（现钦州市浦北泉水镇）出发到东南亚、南亚等地"海上丝绸之路"的最早最详细最权威的记载，也是被学术界认定"海上丝绸之路"正式形成的标志。[21] 因此，在建设 21 世纪"海上丝绸之路"的历史新时期，钦州也应当发挥其自古以来的优势，致力于打造海上丝绸之路上的重要枢纽，服务 21 世纪"海上丝绸之路"建设。

3. 政策支持优势

2008 年 5 月，国务院批准在钦州港设立中国第六个沿海保税港区－钦州保税港区。至此，钦州港成为中国西部沿海唯一的保税港区。2009 年 12 月 7 日，《国务院关于进一步促进广西经济社会发展的若干意见》中规定："把广西钦州港列为继上海、大连、天津、广州之后的第五个整车进口口岸。"2011 年 11 月 1 日通过国家验收。由此，钦州港成为全国第五个沿海整车进口口岸。其中同时还升级钦州保税港为经济技术开发区，在产业园的建设上有很多优势。诸多的政策支持，大力推动了钦州港区的建设和发展，对于钦州港提升自身实力和国际竞争力，更好地参与建设 21 世纪"海上丝绸之路"具有很重要的意义与价值。

4. 产业合作平台优势

钦州凭借其地理优势和产业基础，现拥有国家众多对外开放平台，主要包括中马钦州产业园、钦州保税港、整车进口口岸、国家级经济技术开发区、国家级台湾农民创业园。其中，中马钦州产业园与马中关丹产业园区"两国双园"的经济互动为双方港口城市的互联互通做了示范作用。现在依托"两国双园"的良好互动，越来越多的产业项目将会陆续签约入驻钦州产业园区，例如东盟云谷、中马硅谷等，今后钦州的临港产业将会形成具有规模化的工业化体系，旨在打造面向东盟的区域性加工基地和配送中心。

（四）钦州打造21世纪"海上丝绸之路"新枢纽的对策建议

21世纪"海上丝绸之路"建设给钦州带了重大的发展机遇，钦州应当凭借其独特优势，积极融入21世纪"海上丝绸之路"建设，同时分析其不足和差距，为推动钦州自身建设，打造21世纪"海上丝绸之路"新枢纽提出切实可行的对策建议。

1. 推动钦州港港口升级

钦州港口现存在的问题依然是设备自动化差，相较于发达国家的港口功能，钦州港港口在节能减排、口岸便利化等方面的差距也比较大。在建设21世纪"海上丝绸之路"建设的当口，钦州应当升级其港口功能，不能依靠单纯的吞吐量来权衡其发展。应当转变港口的功能，由单纯的装卸货功能转变为集物流、商贸、信息和金融等功能，加快临港经济的开发与建设。同时要提升港口的基础设施建设水平，优化配置港口资源，让钦州港更多地参与进与东盟国家的贸易中，发挥其新枢纽的作用。

2. 推动钦州港与国内外港口合作

钦州市自身的优势不明显，应积极寻找合作的港口城市。首先是在国内，应与重庆、上海、广东等港口联运，推进优势互补，共同构筑一条客货运"穿梭巴士"，规划建立形成覆盖东南亚港口甚至中东、非洲、欧洲港口的航线网络，形成互联互通的合作网，进一步推动我国的港口开放水平。其次应致力于推动与东盟47个港口城市实现的交流合作与互联互通，拓展海上合作项目，为与东盟港口城市开展国际贸易、文化旅游、友好城市打下坚实的基础。

3. 积极开发人才资源

钦州港欲打造成为 21 世纪"海上丝绸之路"的新枢纽，需依靠更多的技术支持和高素质的人才支撑，实施"科技兴港，人才兴港"的战略。对于本身发展动力不太足的钦州来说，吸引人才是其重要的发展手段。一是提供优惠的待遇吸引人才，优惠的待遇包括高薪酬以及提供给优秀人才良好的发展平台，对其委以重任，赋予开发资源的权利；二是与广西高校联合创办培养为钦州港区发展培训的机构，让这些机构和单位培育钦州港建设所需的人才。三是积极向其他城市"租赁"人才，因为城市发展原因上海、广东等地的相应人才较多，钦州市可向这些地方借调人才，并提供丰厚的待遇和良好的发展空间，使其为钦州港服务一段时间，给钦州港建设提供技术指导。

4. 加大政策争取力度

虽然钦州港现有一定的政策支持，但是由于钦州港本身经济发展水平低，其吸引人才以及国际贸易的能力较弱，因此仍需加大力度争取政策支持，一是积极争取国家把打造钦州港成为新枢纽纳入 21 世纪"海上丝绸之路"发展规划。二是争取设立面向东盟的钦州自由贸易区，这对钦州日后在国际贸易上有积极的作用，能够吸引外商贸易，并能加快钦州产业园的建设。

5. 积极扩大钦州影响力

目前钦州在国际贸易与合作上的影响力一般，钦州港应以更开放的姿态实施"走出去"战略，利用网络信息推介钦州海上丝绸之路，展现钦州的发展优势。并积极在境外投资设厂，开展跨国生产和经营活动，带动成熟的生产技术能力向国外转移，把钦州从一个交通末梢变成国际海上大通道。

六、总结

参与建设"一带一路"不仅是广西自身发展的重大机遇，也是推动中国新一轮对外开放和繁荣富强的重要使命。广西应当根据《愿景与行动》中对广西的定位与指示,立足自身地理位置、经贸发展、政策支持以及人文历史等方面的独特优势,积极参与"一带一路"建设中去,打造面向东盟区域的国际通道、西南、中南地区开放发展新的战略支点以及"一带一路"有机衔接的重要门户。广西应当坚持双核驱动战略,着力推动北部湾经济区建设和珠江-西江经济带的一体化进程,打造区域经济协同发展和对外开放的新高地,为参与建设 21 世纪"海上丝绸之路"贡献力量。同时,在参与建设"一带一路"过程中,广西省内重点城市的作用也不容忽视。广西立足实际,重点将南宁打造成为"一带一路"上的节点城市,将钦州打造成为 21 世纪"海上丝绸之路"上的新枢纽,为服务"一带一路"建设进行整体布局。

参考文献

[1] 中华人民共和国商务部. 推动共建丝绸之路经济带和 21 世纪"海上丝绸之路"的愿景与行动 [EB/OL]. (2015-03-30). http: //www.mofcom. gov.cn/article/resume/n/201504/20150400929655.shtml.

[2] 中华人民共和国交通运输部. 广西构建面向东盟国际大通道实施方案 [EB/OL]. (2016-08-05). http: //www.moc.gov.cn/difangxinwen/ xxlb_fabu/fbpd_guangxi/201608/t20160805_2072208.html#.

[3] 广西壮族自治区人民政府. 广西壮族自治区人民政府关于打造我国西南中南地区开放发展新的战略支点的实施意见(桂政发〔2016〕24 号)[EB/OL]. (2016-12-14). http: //www.gxzf.gov.cn/zwgk/ zfgb/2016zfgb/2016_gb_14/2013_zfbgwj_gb/201612/t20161214_492707. htm.

[4] 北京周报网. 打造西南中南地区开放发展新的战略支点 [EB/OL]. (2016-05-27). http: //www.beijingreview.com.cn/shishi/201605/ t20160527_800057870.html.

[5] 唐姣美,钟明容.《广西打造 21 世纪"海上丝绸之路"的研究》[J]. 北方经济,2015(02):3-5.

[6] 新华社. 广西与东盟贸易额 10 年实现翻 4 翻 [EB/OL]. (2016-05-26). http: //news.xinhuanet.com/photo/2016-05/26/c_129018363.htm.

[7] 中华人民共和国商务部. 东盟连续 14 年成为广西最大的贸易伙伴和最大出口市场 [EB/OL]. (2015-01-23). http: //www.mofcom.gov.cn/article/ resume/n/201501/20150100876930.shtml.

[8] 曹丽. 广西建设"一带一路"有机衔接重要门户研究 [J]. 创新,2015(05):62-64.

[9] 广西壮族自治区人民政府门户网. 广西参与建设"一带一路"实施方案新闻发

布会 [EB/OL]（2016-02-02）. http://www.gxzf.gov.cn/xwfbh/2016xwfbh/gxcyjsylydssfa/xwdt/201602[10] 国家发改委网站. 广西北部湾经济区发展规划（全文）[EB/OL].（2008-02-21）. http://www.gx.xinhuanet.com/dtzx/2008-02/21/content_12502698.htm.

[11] 中国新闻网. 广西北部湾经济区改革升级，助力"一带一路"建设 [EB/OL].（2015-09-17）. http://www.chinanews.com/cj/2015/09-17/7530076.shtml.

[12] 栾坤. 广西北部湾经济区临港产业集群竞争优势的培养 [J]. 经济与社会发展，2012（06）：41-42.

[13] 国函〔2014〕87 号. 国务院关于珠江－西江经济带发展规划的批复 [EB/OL].（2014-07-16）. http://www.gov.cn/zhengce/content/2014-07/16/content_8933.htm.

[14] 广东省发展和改革委员会. 珠江－西江经济带发展规划 [EB/OL].（2015-07-31）. http://www.gddrc.gov.cn/fzgggz/fzgh/ghwb/201507/t20150731_324707.html.

[15] 腾讯大粤网. 广东 4 市纳入两江经济带 广州将建第二机场 [EB/OL].（2014-08-02）. http://gd.qq.com/a/20140802/023543.htm？tu_biz=v1_region.

[16] 中国南宁. 南宁市地理位置 [EB/OL].（2013-10-14）. http://www.nanning.gov.cn/AboutNN/glnn/zyhj/201012/t20101206_2779.html.

[17] 南宁新闻网－南宁日报. 南宁积极融入"一带一路"建设纪实 [EB/OL].（2017-05-14）. http://www.nnnews.net/news/201705/t20170514_1880784.html.

[18] 南宁日报. 南宁：打造连接"一带一路"重要节点城市 [EB/OL].（2015-07-26）. http://www.nanning.gov.cn/NNNews/jrnn/2015nzwdt/201507/t20150726_485534.html.

[19] 张家寿. 进一步提升"南宁渠道"在"一带一路"建设中的战略地位 [N].

南宁日报，2015-3-19.

[20] 国家级经济技术开发区.中国开发区年鉴.钦州港经济技术开发区（2016卷）[EB/OL].（2016-10-13）.http://www.qzgq.gov.cn/html/2016/tzzn_1013/44648.html.

[21] 尹继承.将钦州打造成"海上丝绸之路"桥头堡的战略思考[J].当代广西，2014（7）：53-54.

第六章

江苏省参与"一带一路"建设政策研究

一、江苏省参与建设"一带一路"

建设丝绸之路经济带和 21 世纪"海上丝绸之路",是以习近平同志为总书记的党中央做出的重大战略决策,也是新形势下我国实施全方位对外开放战略的"先手棋"和突破口。推进"一带一路"建设,既是构筑国家全方位开放新格局的战略决策,也是提升江苏经济整体竞争力的重大机遇。2015 年 12 月,总书记在江苏考察时明确指出,江苏处于丝绸之路经济带和 21 世纪"海上丝绸之路"的交汇点上,要按照统一规划和部署,主动参与"一带一路"建设,放大向东开放优势,做好向西开放文章,拓展对内对外开放新空间。[1]这一目标站位高、内涵广,具有很强的战略性、前瞻性、指导性、实践性。为江苏在"一带一路"建设中加强战略统筹,更好发挥综合效应,提供了战略思路和指导。

(一)江苏省参与建设"一带一路"的重要性

1.江苏省参与建设"一带一路"建设是对国家重大战略任务的呼应

"一带一路"贯通中亚、南亚、东南亚、西亚等区域,连接亚太和欧洲两大经济圈,总人口约 44 亿,经济总量约 21 万亿美元,分别约占全球的 63% 和 29%,是世界上跨度最大、最具发展潜力的经济合作带。沿线国家也都面临转变发展模式、增强发展动力的共同任务,具有密切经贸联系、扩大经贸合作的共同愿望。[2]而大力推进江苏"一带一路"建设,遵循了"一带一路"建设总体布局中由点及面、由线到片的区域经济发展规律。有利于我国在提升向东开放水平的同时，加快向西开放步伐，进而形成海陆统筹、东西互济、面向全球的全新开放格局，有利于充分发挥我国与沿线国家各自比较优势，打造区域利益共同体，促进沿线国家增进理解互信，增强沿线国家和平发展、区域和谐稳定。

2. 江苏省参与建设"一带一路"是提升自身整体实力的需要

改革开放 30 多年来，江苏积极实施改革开放战略，开放型经济发展取得令人瞩目的成就。长三角区域经济一体化、江苏沿海开发、东中西区域合作示范区、苏南现代化建设示范区等一系列国家战略也先后在此落实，为江苏经济在转型升级中保持持续健康发展注入了强大动力。当前，江苏正处于推进"两个率先"关键期：经济转型升级攻坚期和新一轮扩大对外开放的重要机遇期。"一带一路"建设的实施，有利于推动江苏与丝绸之路沿线国家和地区在更宽领域、更高层次上开展交流合作，进一步加强外部优质要素和内部优质资源的对接融合，更好地统筹区域协调发展，实现不同区域各展所长、协同共进。进而提升江苏全省经济整体竞争力和可持续发展能力，在日趋激烈的国内外竞争中掌握主动权、赢得新优势。

3. 江苏省参与建设"一带一路"是加快新一轮我国东部沿海开发的关键之举

苏北、沿海地区特别是连云港直接处于丝绸之路经济带和 21 世纪"海上丝绸之路"的交汇点上。近年来苏北和沿海地区发展步伐明显加快，但仍然是全省经济发展的一块"短板"。2014 年，苏北地区生产总值、公共财政收入占全省的 23.3% 和 23.1%，进出口总额和利用外资仅占全省总量的 5.2% 和 19.6%。国家实施"一带一路"建设，将直接惠及新亚欧大陆桥东方桥头堡乃至整个苏北和沿海地区。[3] 江苏推动"一带一路"建设，有利于苏北和沿海地区抓住用好国家重大战略叠加的机遇，扩大向东开放优势，做好向西开放文章。更好地完善东陇海铁路交通干线功能，增强徐州、连云港中心城市的辐射带动力，加强巩固徐州、连云港全国性综合交通枢纽城市地位，不断优化苏北地区海陆空综合交通运输能力，为苏北地区产业发展夯实基础，加快把沿海地区建设成为重要的经济增长极，进一步提升江苏发展的整体实力和竞争力。

（二）江苏省参与建设"一带一路"的定位

1. 打造国家东中西区域合作示范区

江苏要认真落实国家总体方案，立足连云港，依托大陆桥，服务中西部，面向东北亚，推动东中西良性互动。并进一步全方位拓展区域合作的广度和深度，以徐圩新区为先导区，建成服务中西部地区对外开放的重要门户、东中西产业合作示范基地、区域合作体制机制创新试验区。

2. 打造我国开放型经济发展新高地

江苏要积极融入国家扩大开放战略布局，充分彰显连云港、南通等城市作为我国最早一批沿海开放城市的品牌，努力营造法治化、国际化市场环境，加快企业国际化、城市国际化、人才国际化步伐。促进国际国内要素自由流动、市场深度融合、资源高效配置，加快构建更高水平开放型经济体系，打造江苏开放型经济发展新的重要增长极，成为我国开放型经济发展新高地。

3. 建成服务新亚欧大陆桥经济走廊的自由贸易港区

江苏可以按照"深入学习、主动对接、融入互动、积极作为"的思路，积极学习借鉴上海自贸区的改革创新经验，切实用好"溢出效应"，强化开放功能、开放平台、开放载体建设，推动口岸综合管理改革，加快贸易投资和口岸通关便利化步伐，构建中亚东向出海和东北亚西向拓展的自由贸易港区。

4. 依托黄金水道推动长江经济带发展的重要枢纽

根据国务院关于依托黄金水道推动长江经济带发展的《指导意见》，江苏制定出台了《实施意见》。[4] 要求各地各部门要认真抓好落实，共同发力、一体推进，努力将江苏建设成为辐射带动中西部地区发展、深度参与全球经济合作分工的重要门户和长三角世界级城市群的重要一极。率先建成现代化综合交通运输体系，以区域性航运物流中心和主要港口为节点，一手抓基础设施建设，一手抓集疏运服务功能强化，突出抓好立体式和现代化两个关键点，更好发挥"黄金水道"的"黄金价值"。

（三）江苏省参与建设"一带一路"的优势条件

1. 江苏省拥有多个国家战略政策支持

近几年特别是党的十八大以来，江苏得到了国家许多重大发展战略政策支持。例如以江苏某一区域为重点的苏南现代化示范区、苏南国家自主创新示范区、苏州城乡发展一体化综合改革试点和连云港国家东中西区域合作示范区等战略；以江苏作为新丝绸之路经济带和21世纪"海上丝绸之路"的战略交汇点；以覆盖江苏全省又覆盖与江苏紧密相关的国家重点发展区域的长江经济带、长三角区域经济一体化战略。这些国家重大战略为江苏参与"一带一路"建设提供了前所未有的机遇。特别是连云港，先后被纳入长三角区域发展一体化、江苏沿海开发、东中西区域合作示范区建设、国家创新型城市建设等国家战略。这一系列重大国家战略机遇在江苏形成叠加效应，有力提升了江苏的影响力和辐射带动力，为推进"一带一路"建设奠定了坚实基础。

2. 江苏省产业基础雄厚

江苏是经济大省，对外开放程度较高，制造业实力雄厚。多年来，工业总产值稳居全国第一。在基础设施建设方面，江苏的交通运输装备制造业发展基础良好，既有轨道交通行业的南京浦镇车辆有限公司，也有专业从事电力和工业控制自动化软硬件开发及系统集成服务的国电南瑞。[5] 在建筑业方面，江苏成效突出卓越，是海外工程承包大省，连续多年保持建筑业产值全国第一。而江苏的装备制造业无论是规模还是综合竞争力均居全国首位。为了与沿线国家和地区开展产业合作，江苏提出，要将沿线地区的产业需求与江苏产能优势形成良好的互补，这有利于江苏产业在更大范围和区域内配置要素，为提升传统产业，加速产业转移和延伸产业链条等扩展新的空间。[6]

3. 江苏省对外经贸合作广泛

在"一带一路"建设合作中，经贸合作是基石。由于各个国家享有不同的资源优势，可以实现优势互补。江苏一直与"一带一路"沿线周边国家保持着良好的经贸关系，投资合作具有一定基础，搭建了一批国际合作平台。例如，2008年在柬埔寨设立的西哈努克港经济特区以及2014年在印尼设立了江苏首家境外产业合作集聚区——加里曼丹岛工贸经济合作区，这两个经济合作区都处于21世纪"海上丝绸之路"沿线。江苏各个城市也有对外经贸合作的基础。近年来，苏州放大对外贸易优势，力争参与亚投行和丝路基金投资项目，继续深化跨境电子商务服务试点；南京则以12.5米深水航道建设为契机，打造区域性航运物流中心、推进宁镇扬组合港建设，高标准规划建设海港、空港、高铁港三大枢纽经济区，加大对"一带一路"国家直接投资。连云港市在徐圩新区举办江苏知名企业家"一带一路"连云港行活动，向与会企业家介绍连云港市的发展潜力和城市魅力，并推介重点招商合作项目。这些都为江苏参与建设"一带一路"提供了良好契机。[7]

4. 江苏省综合交通运输体系完善

交通基础设施互联互通是"一带一路"建设中的突破口。江苏现代综合交通运输体系不断健全，与沿线国家实现了立体网络交通,辐射范围广泛，综合客货运枢纽建设成效显著，集疏运体系建设日趋完善，综合交通网络衔接更加顺畅、方式间转换更加便捷。在铁路方面，江苏铁路干线通达全省所有13个地级市，连云港作为欧亚大陆桥的桥头堡，有东起连云港的陇海兰新线，是贯穿我国东西的一条铁路大动脉，辐射内陆十个省区。在港口运输方面，沿江沿海万吨级以上泊位数居全国第一，有连云港港、苏州港、南京港等多个重要的江海联动港口，特别是连云港港是区域性中心港口、集装箱干线港，是江苏唯一的海港城市。在空港方面，江苏规划的9个民航机场全面落地，在全国率先普及航空运输服务。除此之外，江苏铁水联动的集装箱运输发达，连云港港已经成为我国华东地区集装箱运输外贸基本港和内贸中转港。

（四）江苏省参与建设"一带一路"的实施路径

1. 加快健全协作机制，形成区域联动合作共赢新局面

一是要建立健全区域合作协调机制。在现有金融、保险、生产、交通等分类管理的信息系统的基础上，应用互联网、物联网、云计算等信息技术，以国家各部门和地方政府为主要服务对象，完善合作共赢的信息管理网络服务系统，争取国家层面整合并提升新亚欧大陆桥合作协调机制。二是要全力打造陆海双向开放门户。一方面拓展向西开放空间。深化与中亚国家合作，以高层交往为契机，积极构建上合组织成员国国际物流中心，邀请中亚国家驻华使节、企业代表来连考察，吸引中亚国家留学生来江苏学习交流或就业。另一方面加大向东开放力度。继续突出日韩港台新等重点地区，加强产业招商，扩大经贸往来。以苏州工业园区等重要平台为基础，构建稳定的与港澳台新经贸合作机制，举办各类与港澳台新的合作促进活动，拓展合作空间。

2. 加快完善交通基础设施建设，构建综合交通运输体系

一是完善公路铁路基础设施。建立通畅、便捷、高效的集疏运体系，加快构建以新亚欧大陆桥为主轴的物流通道，推动新亚欧大陆桥铁路通道客货分线、高铁通行，继续加大国际集装箱班列开行力度。二是推进沿海重要港口建设。一方面充分发挥南通港、江苏沿江港口群江海交汇的区位优势，着力提升江海联运枢纽功能。另一方面完善以太仓为干线港的集装箱运输体系，完善以南京、镇江、南通、苏州等为枢纽的战略性物资江海中转运输体系，加快推进南京长江区域航运物流中心建设。三是加快推进空港建设。加快连云港新机场建设，与徐州观音机场共同建设成为区域性航空枢纽，推进两机场实现口岸开放，开辟面向中亚地区的国际航线。推进区域机场协调发展，简化通关手续，为"一带一路"沿线国家和地区提供便捷的通关环境。四是着力构建内河航道网络。推进干线航道建设，扩大水运中转能力，做大做强海河联运品牌。积极推进连徐运河建设，实现连云港与京杭大运河的三级航道连接。开通至苏州、扬州、徐州等地的内河航线，形成中西部货物从新亚欧大陆桥经连云港进入长江干线的物流新道。

3. 突出优势产业，提升经贸水平

一是要加强与沿线国家的贸易合作。利用中国东盟自贸区零税率政策，深度开拓东盟市场，重点推动轨道交通、电力通信、工程机械、数控机床、化工装置、海工船舶等大型成套设备及标准输出；着力扩大机电产品和高新技术产品出口规模，巩固和扩大平板电脑和智能手机等新兴消费产品和纺织、轻工、医药、化工等传统产品市场份额。二是要加快向沿线国家投资的步伐。鼓励出口企业完善产业价值链，加快在沿线国家布局研发、设计、营销和售后维护网络等。并继续鼓励和支持企业加大对沿线国家能源资源农业等产业的投资力度，建设一批境外能源资源合作基地和农场、农业示范园区，推动企业走出去。三是积极推进服务贸易价值链向中高端发展。巩固和扩大物流、旅游、工程承包等传统服务贸易，推进中医药、文化艺术、广播影视、新闻出版、教育体育等新兴服务出口，重点培育通信、金融、会计、计算机和信息服务、传媒、咨询等现代服务贸易。并加快建设建设一批特色服务贸易出口基地，打造服务贸易重点平台。

4. 促进贸易投资便利化，扩大融入世界开放体系

一是深化行政审批制度改革。着力完善行政审批事项目录清单、政府行政权力清单、行政事业收费目录清单、政府部门专项资金管理清单制度，对不符合法律法规规章规定的管理、收费、罚款项目一律予以取消，切实强化流程监管和责任追究。完善市场监管的信息共享平台，开展企业年报网上申报工作，强化对市场主体"宽进严管"，进一步健全完善市场监管模式。二是要深化外商投资管理体制改革。开展外商投资准入前国民待遇和负面清单制度试点。推进商事登记制度改革，从主体资格与许可经营资格适度分离、完善信用约束机制等方面，探索建立新的商事登记制度，打造更加便利的外商投资环境，积极主动吸引外商来此投资。三是积极创新金融服务和产品。发展国际航运价格衍生品，搭建物流企业与银行的沟通交流平台，引导创新物流金融业务。发挥政策性银行优势，引导商业银行等金融机构优化信贷结构，改革审贷模式，实行差别化信贷政策，提高融资便利程度，鼓励境内银行直接发放境外贷款，支持企业开展境外并购、产能转移和合作开发，服务企业大规模走出去。

二、连云港参与建设"一带一路"

在"一带一路"建设中，连云港市占据着重要的地位，是新亚欧大陆桥经济走廊重要节点城市。在承接"一带一路"建设中具有区位优势明显、物流基础条件优越、全市经济运行良好、立体交通网络发达等优势条件。因此，发挥好连云港战略支点作用，有利于打造海陆统筹、东西互济的对外开放新格局，有利于畅通新亚欧大陆桥对外交流大通道，进而促进全国区域协调发展，对"一带一路"建设实施具有全局上的意义。

（一）连云港参与建设"一带一路"的作用

1. 有利于打造东西互济的对外开放新格局

推进"一带一路"建设是我国全方位对外开放的大布局、大战略。把连云港发展成一个具有较强辐射带动能力的对外开放门户，推动新亚欧大陆桥沿线东西海陆双向开放，有利于加强面向日韩等日益活跃的东亚经济圈区域经济合作，有利于加强与上合组织国家为主的中西亚地区的政治合作，又能将我国沿线中西部地区推向对外开放前沿，符合国家扩大开放的总体战略取向。

2. 有利于畅通新亚欧大陆桥

"一带一路"建设战略规划提出构建六大战略通道，其中陆上的新亚欧大陆桥是亚欧大陆东西最为便捷的通道。自亚欧大陆桥开通运营以来，连云港一直致力于推动大陆桥海铁联运发展，港口货源中西部地区占60%以上，过境集装箱运量占全国沿海港口的60%以上，一直在全国沿海港口保持领先地位。2015年2月，连云港又开通了"连新亚"班列，并实现了"重去重回"稳定运行，[8]成为亚欧大陆桥的重要物流节点，战略地位举足轻重。

3. 有利于促进全国区域协调发展

我国东中西三大区域发展存在着一定差距，要保持区域协调发展，就要重视经济发展内需动力，更加重视加快中西部地区发展。连云港作为国家东中西区域合作示范区，位于中国经济发展最高层次的主轴东部沿海经济带和东中西三大区域互动发展的主轴陇海兰新产业带的结合部。因此加大对连云港发展的政策支持力度，打造辐射带动能力强的新亚欧大陆桥东桥头堡，有利于沿海经济势能向中西部地区扩散，推动海上丝绸之路和新丝绸之路经济带互动共进，促进全国区域经济协调发展。

（二）连云港参与建设"一带一路"的定位

1. 打造服务"一带一路"国际商务中心

连云港作为"一带一路"重要节点城市，区位优势独特，其中连云区商务中心立足大陆桥，辐射东北亚、中西亚，承接上海自贸区的政策溢出效应。连云港要抓住"一带一路"建设机遇，重点建设以航运服务、商贸营运、商务展示、金融服务、旅游集散和信息发布为主的国际商务中心，为打造连云港服务"一带一路"建设的核心区和上海自贸区的北翼特色园区提供综合配套服务，也为"一带一路"沿线城市、国家服务，不断提升连云港国际化商务服务水平。

2. 打造面向东北亚物流基地

连云港要抢抓"一带一路"建设机遇，大力拓展对内对外开放新空间，加强与新亚欧大陆桥经济走廊沿线城市和上合组织成员国在物流仓储方面的合作，争取中亚国家在连云区设立办事处、建立物流分拨基地，着力打造国际物流仓储基地。推动物流项目、物流企业和配送中心发展，加速物流网点布局，做大港口物流贸易总量，逐步打造成为日韩、我国台湾、中亚、澳洲与欧洲等国家和地区之间的货物中转中心。

3. 打造现代海滨新城区

在"一带一路"建设大势下，区域发展的传统格局可能被打破重塑，全国经济地理版图将迎来新一轮洗牌重构。在中国城市竞争力研究会发布的"2015 中国'一带一路'最具竞争力城市排行榜"中，连云港市荣登第六名。[9] 连云港要抓住"一带一路"的战略机遇，有一个清晰的规划，借鉴其他地区和城市的经验和教训，坚持整体谋划、远近结合，逐步向前推进，抓好一个个具体的项目，进而实现跨越式发展。

4. 打造滨海旅游度假胜地

连云港抢抓国家"一带一路"建设的战略机遇，以亚欧大陆桥沿线、海上经济带、长三角、临沂等周边腹地为重点，积极开展整合营销、联合促销的活动，精心包装特色和拳头产品，加大与北京、上海等一线城市及南京、苏州、无锡等周边地区的联合推介力度，加强旅游合作，提升海滨城市旅游形象影响力。推动旅游产业转型升级，全力推进游客服务中心、环岛路、滨海栈道、海鲜美食街等重点项目建设，全面提升景区管理服务水平，努力打造高端海滨旅游度假胜地。

（三）连云港参与建设"一带一路"的优势条件

1. 区位优势明显

连云港市位于中国沿海中部、江苏东北端，是一个地理位置重要、国家战略叠加的城市，也是发展态势良好的港口开放城市。具备地缘优势的连云港是东西部地区的重要连接点，连云港西部为大陆桥，东部为日韩国家，成为我国发展的重要战略性支点。连云港位于沿海经济带与陇海兰新经济带的核心区，南部与长三角相连接，北部与渤海湾相接壤。随着"一带一路"建设部署的提出，连云港市的经济发展指数在不断提升，内外贸易发展力度在不断加大，东西方逐渐拓宽发展范围。目前连云港市已经开通了至美洲、欧洲、东南亚、地中海、中东等地区 48 条远近洋航线，可通达 150 多个国家和地区，[10] 为连云港市实现东西交融、连接世界带来了难得的机遇。

2. 物流条件优越

连云港具备优越的物流服务体系，中哈物流基地成为重要的物流服务中心。1995 年中哈签订《关于利用连云港装卸和运输哈萨克斯坦过境货物的协定》后，连云港每年承运中亚 50% 的过境集装箱运输；并于 2015 年开通了连云港至阿拉木图的线路，12 天即可到达目的地为了充分发挥物流节点作用。此外，连云港积极推行各项便利政策，如 2014 年获准实施启运港退税政策，开展口岸查验"三互""三个一"改革，并启动长三角通关一体化及苏北五市检验检疫一体化工作。[11] 根据连云港港口集团提供的数据，中哈（连云港）物流合作基地，总投资超过 30 亿元，主营国际多式联运拆装箱托运和仓储等国际货物运输业务其中一期项目投资 6.06 亿元，规划建设集装箱堆场 20 万平方米、1763 个集装箱位，日均装卸能力 10.2 列，年最大装卸能力 41 万标箱。[12]

3. 交通基础设施比较完善

在海运方面，连云港境内河网稠密，大小干支河道 53 条，其中 17 条可直接入海，有盐河等河直接与运河及长江相通。连云港港口拥有 27 个泊位，年吞吐量近 3000 万吨；与世界 154 个国家和地区的近千个港口有通航联系，先后开通了连云港至日本和东南亚等地的近 50 条固定集装箱班轮航线。陆运方面，已经开通去往兰州、西安、阿拉山口等地的集装箱运输"五定"班列，可承担新亚欧大陆桥 90% 的过境集装箱运输。204 国道穿境而过，为国家重点建设沈海、连霍、长深三条高速公路交汇点，连云港还是中国南北、东西最长的两条高速公路——同三高速和连霍高速的唯一交点。空运方面，民航机场已经开通国内 10 多条航线，2015 年开建连云港中云国际机场，一期投资 23 亿，建成后将成为江苏第三大国际机场。[13]

4. 政策体系的支持

连云港地区在政策方面也具有诸多的优势，国家所推出的江苏的沿海开发政策、长三角经济一体化、国家创新型城市等战略内容都纷纷涉及连云港，一系列战略性国家政策的执行，为连云港经济的发展提供了平台，为实现了连云港地区经济的跨越式进步提供了有力的政策保障。例如，2011 年国务院批准在连云港建立国家东中西区域合作示范区，该示范区以服务中西部地区发展为宗旨，着力提升出海通道功能、完善合作服务体系、建设产业合作基地、创新合作体制机制。1995 年中哈签订《关于利用连云港装卸和运输哈萨克斯坦过境货物的协定》后，连云港每年承运中亚 50% 的过境集装箱运输。在 2013 年 9 月，中哈双方又签订了物流贸易协定，合作与交流力度不断增强。[14] 连云港还积极推行了各项便利政策，如 2014 年获准实施启运港退税政策，开展口岸查验"三互""三个一"改革，并启动长三角通关一体化及苏北五市检验检疫一体化工作。这些都助力连云港参与建设"一带一路"的步伐。

（四）连云港参与建设"一带一路"的具体措施

1. 做强做大物流产业

一是要推动物流项目、物流企业和配送中心发展，加速物流网点布局，做大港口物流贸易总量，逐步打造成为日韩、中国台湾、中亚、澳洲与欧洲等国家地区之间的货物中转中心。二是要加快物流园区的建设步伐。推进中哈物流基地二期工程建设，积极参与上合组织（连云港）国际加强与金港湾物流园区的协作，主动接受徐圩新区作为国家东中西区域合作示范区先物流园建设。三是大力发展跨境贸易电子商务。面向"一带一路"相关国家和地区，推进跨境进口直购业务开展。加快搭建跨境电商信息平台、服务平台和监管平台，提升电商企业平台影响力，整合成服务全市的综合性跨境电商服务平台。四是建议交通运输部、海关总署、国家质量监督检验检疫总局三部门联合，在连云港市成立类似新亚欧大陆桥过境货物运输局的机构，协调哈萨克斯坦对应职能部门，实行"丝绸之路经济带"通关一体化，试行提前报检、提前报关、实货放行和检验检疫直通放行等业务，降低综合运输时间和成本，形成高效顺畅的物流作业流程。

2. 提升优势产业竞争力

一是规划发展健康产业。连云区依托独特的资源优势和较好的产业基础，以健康中国建设为契机，着力打造健康休闲旅游、健康医疗养生、健康文化体验、健康产品制造等产业，加快构建高端化、品质化、全产业的大健康产业体系，努力打造国内知名的健康产业高地。二是积极推进本地产业发展壮大。进一步鼓励功能齐全、综合利用率高的城市综合体建设，培育壮大连云港家得福等一批本土流通企业，引导商业连锁经营向多行业、多业态发展。结合区位优势融合生产企业共同"走出去"开拓域外市场。引导中小流通企业特别是小微型企业专业化、特色化发展，实施品牌战略，鼓励流通企业开发自有商品品牌。三是发展渔港配套产业。进一步完善高公岛渔港设施，建设连岛国家级中心渔港。按照"现代化渔港渔区"的要求，配套冷库、加工厂、供水、供油等设施建设，发展渔港配套服务业。依托渔港积极发展冷藏、加工、销售等产业，促进渔业商贸业壮大规模、提升效益。

3. 加快完善连云港港口建设

一是要提升连云港港口国际运输服务功能。既要打造覆盖海上丝绸之路的航线航班体系。增加近远洋航线航班密度，建设集装箱远洋干线港和内贸枢纽港。又要建设覆盖丝绸之路经济带的货源组织体系。实现"无水港"对陇海沿线主要城市全覆盖，把港口建设成为河南以东陇海铁路沿线地区集装箱运输的首选港，中亚地区货物出海的主要港口。二是要提升港口现代化管理水平。借助控股集团成立组建的有利契机，尽快建立起以法人治理结构为核心的现代企业制度，提升内部管控能力、盈利能力和防风险能力。引进各类战略投资者，实现股权多元化，推动控股集团整体上市，吸收先进管理理念和经验，提升管理水平和运营效率。[15] 三是要建设绿色港口城市。发挥全国首批低碳示范港和唯一科技示范港优势，贯彻落实船舶与港口污染防治专项行动实施方案，努力实现港口的绿色、低碳、智慧和可持续发展。加快港区环保及绿化建设，强水体污染控制与防治，创建生态港示范工程。

4. 深化对外开放水平

一是要加大服务业引进外资力度。我国服务业的利用外资率近几年一直保持着两位数的增长。服务业的外商投资可以促进我国服务业，特别是现代服务业的发展，促进我国产业的转型升级。连云港打造"一带一路"

交汇点,首先需要打造的是交汇点的服务功能。因此,连云港应大力引进服务业的外商投资,促进以物流业为核心的现代服务业的发展。二是要大力发展高新技术企业的对外投资。在新常态下,产业的转型升级变得十分迫切,而鼓励企业进行技术寻求型投资是企业技术进步的有效途径之一。连云港可以借助新医药、新能源、新材料和装备制造为代表的高新技术企业具备对外直接投资的实力,鼓励它们通过在国外设立研发机构、跨国并购或开展绿地投资等方式进行对外投资,带动连云港市的高新技术企业快速发展。[16]三是要打造对一批具有高素质、高能力的国际化人才队伍。人才是软实力中最重要的因素,因而人才培养在"一带一路"建设的实施中也具有战略性的重大意义。连云港可以通过政府、行业、企业、学校等多方的协同创新,健全专业的动态调整机制,着力更新"一带一路"建设背景下国际化人才培养的专业课程设置、教学方法和评价体系等,以满足"一带一路"建设对人才培养的新要求。为连云港深化对外开放、助力"一带一路"建设提供人才保障。

三、苏州参与建设"一带一路"

"一带一路"的基本要义是依托古代丝绸之路的辉煌历史,突出和平发展、合作共赢的时代主题。作为"丝绸的故乡",苏州有着悠久的丝绸历史。明代著名航海家郑和从苏州太仓的浏家港起锚,完成了七下西洋的壮举,对拓展海外贸易、传播中华文明、加强东西方交流发挥了重要作用。今天的苏州又是一个经济发达的现代化城市。主动参与和对接"一带一路"建设是苏州全面深化改革、加快转型创新、提升经济国际化水平、增强城市核心竞争力的重大机遇。在新的国家战略布局中,苏州应主动融入、积极作为,在国家发展大局中找准定位,在更广领域开展区域合作、更大范围集聚要素资源、更深层次融入国际经济循环,为国家"一带一路"建设实施做出更大贡献。

(一)苏州参与建设"一带一路"的意义

1. 在推动海上丝绸之路发展中发挥重要力量

苏州与丝绸之路有着深厚的历史渊源,享有"丝绸之府"的美誉。古丝绸之路贸易的起点虽然不在苏州,但苏州是中国丝绸的重要产地,苏州丝绸必定凭借丝绸之路行销海内外。其中苏州的太仓港古称刘家港,自古漕运万艘,四方商贾毕集,史称"天下第一码头",苏州在海上丝绸之路的开辟、发展中扮演着不可替代的角色。

2. 在"一带一路"建设中具有特殊的地理位置

虽然"一带一路"建设涉及的城市有很多,但是同时与"一带一路"存在重要联系并且又在长江经济带中占有重要位置的城市却是屈指可数,这使得苏州既可以直接参与国际经济大循环,又可以据守广阔的内陆腹地。其重要地理位置举足轻重,毋庸置疑。

3. 产业转移助推"一带一路"建设

面对"一带一路"建设大战略,苏州转换发展模式,顺势而为,形成创新驱动为主、扩大内需为主、服务经济为主的现代产业格局,努力成为"一带一路"重要的技术、产品和服务输出地。"一带一路"较多沿线国家资源丰富、人力资源充足、劳动力成本较为低廉、基础建设和产业发展相对落后。与苏州市开放型经济的发展具有很强的产业梯度性和优势互补性,将为苏州实施"走出去"战略、推进开放型经济转型升级提供一片广阔空间。

(二)苏州参与建设"一带一路"的定位

1. 打造成为"一带一路"重要物流集散地

苏州可以利用自身区位优势,加快海陆衔接,主动参与和服务丝绸之路经济带向东部沿海延伸、海上丝绸之路向中西部地区拓展。以构建沿江综合交通枢纽为重点,加快完善高速公路、国省干线网络,建立铁路货运中心平台,提升港口国际运输能力,加大水运、公路、铁路、航空的联合建设力度,实现多种运输方式之间的无缝衔接。同时加大苏州沿江港口整合力度,放大太仓港享受海港和启运港退税政策效应,建成上海国际航运中心的重要组合港。积极参与长江经济带沿线区域通关一体化改革,完善物流园和产业园功能,构筑"产、城、江、海"一体化物流体系,打造"一带一路"重要的物流集散地。

2. 打造辐射东南亚、连接中亚和欧洲的综合枢纽城市

苏州在公路方面,"五纵七横"国道主干线中的上海到成都线和同江至三亚线相交于此。"苏满欧"国际铁路货物联运网络建成,全程1.12万km,途经5个国家。[17]水运方面,京杭大运河贯通南北,长江沿线包括太仓、常熟、张家港等港口,形成有效的水运网络。周边有上海虹桥国际机场、浦东国际机场、苏南硕放机场等空港。苏州地区初步形成以高速公路和国道、省道等公路运输为集疏基础、港口水运为货运主力,铁路与航空提供远程辐射的综合运输体系,为苏州打造辐射东南亚、连接中亚和欧洲的综合枢纽城市提供了保障。

3. 打造"一带一路"一流对外贸易平台

苏州要借参与"一带一路"建设,促进贸易转型升级,重点推进服务贸易和跨境电子商务发展。学习借鉴上海自贸区发展服务贸易经验,加快探索实现自由贸易试验区功能,争取设立苏州自贸区,推动苏州与沿线地区的通关协作,实现口岸管理相关部门的信息互通、监管互认、执法互助。学习借鉴中新合作、苏台合作经验,争取规划建设一批双边、多边合作产业园区,支持有条件的苏州企业在"一带一路"沿线国家建立境外经贸合作区,创办开发区。

4. 打造高科技创新人才集聚地

"一带一路"建设下,苏州要紧抓历史机遇,跟上时代步伐,实现创新发展,走高效发展路子,需要有高科技创新型人才出谋划策。要进一步加强高技能人才队伍建设、创新技能人才评价机制、健全高技能人才激励机制、加快引进急需的高技能人才、加大高技能人才队伍建设资金投入,为"创客"们打造"绿色通道"。并通过校企合作资助培养产业急需的青

年高技能人才，为推动创新提供重要力量。进一步引进大量创业人才，为苏州营造良好科技创新环境。

（三）苏州参与建设"一带一路"的优势条件

1. 经济基础雄厚

苏州位于长江三角洲地区，地理位置优越，经过30余年的发展，已经成为中国最具活力的开放型经济城市之一。2016年，苏州市实现地区生产总值1.54万亿元，按可比价计算比上年增长7.5%以上。全年新设外商投资项目784个，实际使用外资60亿美元。全市实现进出口总额18081亿元，其中出口10817亿元，进口7264亿元。[18]2015年全市实现进出口总额3053.5亿美元，比上年下降1.9%，其中出口1814.6亿美元，比上年增长0.2%。主体市场中，对美国出口比上年增长2.9%，对日本出口下降8.1%，对欧盟出口下降1.9%，三大主体市场出口额932.2亿美元，占全市出口的比重51.4%，保持稳定。对新加坡、越南、印度和巴基斯坦等"一带一路"沿线国家分别实现进出口64.8亿美元、46.5亿美元、46.4亿美元和4.1亿美元，分别比上年增长1.3%、24.5%、7.9%和26.3%。目前，苏州市企业已在"一带一路"沿线35个国家共投资了254个境外企业，中方协议投资额26.3亿美元，占比分别达22.7%和29.0%。[19]同时苏州工业园区获批全国首个开放创新综合试验区。苏州工业园区综保区贸易功能区通过验收，内外贸一体化发展加速推进；张家港保税区获批开展国家企业外债宏观审慎管理试点。这些都可以更好地帮助苏州融入"一带一路"建设。

2. 交通条件便利

在水路方面，苏州临江近海，水运网络发达，苏州港特别是太仓港集疏运体系已基本成型，其开通的航线可覆盖沿江、沿海所有大港。陆路方面，2013年开通的"苏满欧"国际班列，是从苏州出发，经内蒙古满洲里、俄罗斯、白俄罗斯、到达波兰的跨境火车通道。目前，苏满欧已经开行出口班列91列，进口班列10列，已成为国内运输时间最短、运输价格最低、运输服务最佳、市场化运作水平最高的亚欧通道。目前苏州正与霍尔果斯合作共建霍尔果斯口岸和开发区,有利于苏州重点布局境外加工贸易产业,特别是在波兰和俄罗斯市场。水路方面,2013年,苏州港吞吐量超过4亿吨,在全国所有港口中排名第五,名列沿江各港口之首;太仓港正加快开辟东南亚航线,积极构建与世界各地港口相连的海运通道。[20]

3. 外向型经济具有优势,保税物流发展迅速

苏州外向型经济明显,贸易规模保持稳定,贸易对象中对美国、欧盟市场持续增长,对东盟、南美和非洲等地出口稳定增长,2015年的进出口总额达到3053.5亿美元,[21]为国际物流和保税物流的发展提供了广阔的市场。苏州各保税物流园区积极探索对接上海自贸区,移植上海自贸区成功经验,为苏州保税物流和国际物流发展提供了重要支撑。与此同时,在"一带一路"建设中结合外向型经济发展需求,不同保税区形成特色发展,张家港保税港区汽车整车进口口岸通过国家五部委联合验收,成为江苏及长江内河港唯一的整车进口口岸。

4. 科技创新和创业类人才集聚

苏州市共有187位高层次人才入选国家"千人计划",其中创业类人才达107人,占全国总数的14%、全省总数的48%,位列全国大中型城市首位。据悉,从2010年起,苏州便推出实施"姑苏高技能人才计划",目前已评选出163名高技能突出人才,1193名高技能重点人才,通过校企合作资助培养产业急需的青年高技能人才5425名,成为推动创新的重要力量。中科院两个研究所落户苏州,对科技创新力的提升起到很好的带动作用,大量创业类人才的引进也为苏州营造了良好科技创新环境。[22]

(四)苏州参与建设"一带一路"的相关建议

1. 完善立体交通体系建设

完善的集疏运输体系直接关系苏州参与建设"一带一路"的成效。一是加快发展铁路货运中心平台。要积极争取将"苏蒙欧""苏满欧"班列列入国家铁路部门拟定的"实施'一带一路',培育国际铁路快线计划",

向上争取专项资金扶持，降低境内运输成本，保持班列的市场竞争力。二是积极开拓海内外航线。继续加快发展近洋航线，开拓远洋航线，深入推进区港联动，加快完善和提升服务功能，为21世纪"海上丝绸之路"建设提亮增色。三是推进综合运输体系建设。依托长江黄金水道，以建设沿江综合交通枢纽为重点，加大港口、公路、铁路的联合建设力度，实现多种运输方式间的客运"零换乘"和货运"无缝衔接"，促进长江水道与纵向、横向出省快速通道相连接，构建苏州长江经济带综合运输体系。

2. 促进对内对外开放

一是密切与丝绸之路沿线国家的联系。扩大内陆开放、沿边开放、向西开放是我国实现进一步发展的必然选择。苏州要紧扣国家战略取向，立足自身发展实际，通过与沿线国家缔结友好城市、互设经贸代表处和合作机构，加强与亚欧大陆国家的合作、扩大相互开放。二是加强与东亚板块互动。建议苏州充分发挥海陆枢纽和韩资、日资企业集聚的优势，完善与日韩的海空通道建设，开展中韩陆海联运，申报整车进口口岸等，努力成为中国与东亚贸易的重要中转集散基地。三推动与内地区域合作。沿线内地区域是苏州的直接腹地，联动发展空间大。向西深化与长江经济带沿线城市之间的联系，向东与上海自贸区实现对接和错位发展，苏州要加强与长江经济带城市之间互联互通，向北积极与苏北及中西部区域之间联系。

3. 深化物流管理体制改革

一是打破地区之间条块分割的管理模式，不同部门要进行协同管理，工商、海关、商检、空管、交通运输管理等不同部门要明确职责、分工协作，以形成高效运作的管理体制。二是梳理各地政策，构建有效的协作机制。建议组成物流区域发展协调小组，主要职责是协同区域物流发展的产业政策，整合不同区域间物流产业相关资源，处理物流跨区域一体化中出现的各种问题，实现地区间政府的合作与交流，逐步清除物流业发展的行政壁垒。三是提高物流服务标准。以物流信息标准、物流服务标准等内容为切入点，参照国际惯例和通行标准，研究制定一批对苏州市物流服务水平提升有重大影响的物流标准。积极开展现代物流业标准化试点改造，通过物流标准化试点改造，改变企业原有物流服务模式，提升企业物流服务水平，保证物流服务的持续性。

4. 丰富各项合作领域

一是强化能源合作。要紧抓中央"一带一路"建设能源合作优先契机，充分发挥苏州与中亚良好的贸易关系优势。"一带一路"沿线国家尤其是俄罗斯和中亚五国均是能源大国，石油和天然气储存量巨大。要紧抓中央"一带一路"建设能源合作优先契机，密切关注中国与俄罗斯合作升温态势，充分发挥苏州与中亚良好的贸易关系优势，以能源开发、贸易、加工转化、装备制造及技术服务为重点，参与重大能源项目建设，进一步延伸能源合作领域。二是推进产业合作。引进吸收沿线国家或地区的先进技术，大力发展金融、专业市场、电子商务、文化创意等服务业，有效应对发达国家制造业回归带来的挑战。抢抓西部地区工业化、城镇化进程加快机遇，积极参与基础设施和城市建设，推进产业梯度转移，进一步优化产业结构。三是增进文化交流。拓宽与海上丝绸之路沿线国家文化交流渠道，积极开展以丝绸之路为主题的经贸文化会展活动，提升中国苏州国际丝绸旅游节、吴江盛泽丝绸文化节等节庆会展的内涵和影响力。密切与"一带一路"沿线周边国家和地区的经贸、旅游、人员往来，开展历史研究及学术研讨，为苏州参与建设"一带一路"增添学术文化亮点。[23]

四、总结

"一带一路"贯穿欧亚大陆，一个着眼于加快向西开放，一个着眼于建设海洋强国，是新形势下我国实施全方位对外开放战略的"先手棋"和突破口。江苏是国家重大发展战略的叠加区域，在长三角一体化、江苏沿海地区发展、苏南现代化建设示范区等战略深入实施之际，"一带一路"和长江经济带战略又一次在此叠加，为加强江苏战略统筹，更好发挥综合效应，提供了新的历史机遇。为此，江苏要准确把握"一带一路"建设的开放本质，全方位提升开放水平。深化拓展推进企业、城市、人才"三个国际化"的思路和举措，在全方位参与国家战略中打开江苏对外开放新局面；大力拓展开放的广度和深度，发掘与"一带一路"沿线国家合作潜力，深化与国内兄弟省、市、区合作交流，把改革创新贯穿于参与"一带一路"建设的各领域、各环节；做强做新开放的优势和品牌，在发挥实体经济优势、科技教育文化优势、载体平台建设优势、政府服务优势等方面做文章，创造"引进来与走出去并重"的开放新品牌，为构建"一带一路"全方位开放新格局做出更大贡献。

参考文献

[1] 新浪网．江苏召开落实"一带一路"工作会议 [EB/OL]．（2015-05-07）. http：//finance.sina.com.cn/stock/t/20150507/094422125615.shtml.

[2] 郑焱，沈和，金世斌，吴国玖，古晶．"十三五"期间江苏建设"一带一路"交汇点的战略思路和关键举措 [J].江苏师范大学学报（哲学社会科学版），2016（01）：121-133.

[3] 郑焱，沈和，金世斌，吴国玖，古晶．"十三五"期间江苏建设"一带一路"交汇点的战略思路和关键举措 [J].江苏师范大学学报（哲学社会科学版），2016（01）：121-133.

[4] 和讯网．江苏抢抓"一带一路"机遇 [EB/OL]．（2015-05-13）. http：//news.hexun.com/2015-05-13/175748264.html.

[5] 郑焱，沈和，金世斌，吴国玖，古晶．"十三五"期间江苏建设"一带一路"交汇点的战略思路和关键举措 [J].江苏师范大学学报（哲学社会科学版），2016（01）：121-133.

[6] 财经网．江苏 8 大领域对接"一带一路"拟打造数个境外产业基地 [EB/OL]．（2015-05-12）. http：//finance.jrj.com.cn/2015/05/12022419209502.shtml.

[7] 中国青年网．江苏抢抓"一带一路"机遇 [EB/OL]．（2015-05-13）. http：//news.youth.cn/jsxw/201512/t20151225_7461319.htm.

[8] 张国桥，张赛芳，谢朝清．连云港助力"一带一路"建设的构想及建议 [J].港口经济，2016（06）：22-24.

[9] 刘欢．连云港：助力"一带一路"[J].新理财（政府理财），2015（04）：74-75.

[10] 徐伟，高芊芊．"一带一路"背景下连云港市文化产业发展策略 [J].连云港师范高等专科学校学报，2016，（04）：13-16.

[11] 戴竹青，宋志鹏，王鑫楠．连云港对接的优劣势分析 [J].对外经贸，

2016（03）：69-71.

[12] 彭真怀．论中哈（连云港）物流合作基地在"一带一路"建设中的引领作用 [J].港口经济，2015（11）：42-44.

[13] 戴竹青，宋志鹏，王鑫楠．连云港对接"一带一路"的优劣势分析 [J].对外经贸，2016（03）：69-71.

[14] 戴竹青，宋志鹏，王鑫楠．连云港对接"一带一路"的优劣势分析 [J].对外经贸，2016（03）：69-71.

[15] 丁锐．"一带一路"机遇下连云港港的发展战略 [J].大陆桥视野，2015（10）：51—53.

[16] 宣昌勇，杜广庆，张纪凤，马红，孙瑾，孙军，仇艳苹．"一带一路"建设背景下连云港市深化对外开放路径研究 [J].大陆桥视野，2017（02）：69-71.

[17] 郑丽娟．"一带一路"建设下苏州跨区域物流一体化发展路径研究 [J].苏州市职业大学学报，2016（04）：44-49.

[18] 苏州日报．2016年苏州市国民经济和社会发展统计公报 [EB/OL].（2017-01-16）.http://www.suzhou.gov.cn/xxgk/gmjjhshfztjxx/ndgmjjhshfztjsjfb/201702/t20170220_845359.shtml.

[19] 顾晶晶．"一带一路"建设背景下苏州发展的优劣势分析和发展路径探究 [J].经营管理者，2016（24）：73-74.

[20] 卢宁，沈智清，谭槊，刘光东．苏州参与"一带一路"建设的战略思考 [J].常熟理工学院学报，2015（03）：25-29.

[21] 郑丽娟．"一带一路"建设下苏州跨区域物流一体化发展路径研究 [J].苏州市职业大学学报，2016（04）：44-49.

[22] 江苏网．一带一路"建设中"苏州模式" [EB/OL].（2015-09-26）.http://jsnews2.jschina.com.cn/system/2015/09/26/026440832.shtml.

[23] 卢宁，沈智清，谭槊，刘光东．苏州参与"一带一路"建设的战略思考 [J].常熟理工学院学报，2015（03）：25-29.

第七章

上海参与"一带一路"建设政策研究

2013 年，习近平提出"一带一路"倡议，这是一个多领域、全方位、内外开放相结合的战略构想，中国由此逐步迈入大国开放的新时期。2014 年 8 月，国家主席明确要求上海按照国家统一规划、统一部署，参与建设"一带一路"，并推动长江经济带建设。这是上海在国家大战略下的新使命。[1] 上海作为我国改革开放的先行地，以及全国最大的经济中心城市，在新的历史时期应当紧紧抓住"一带一路"国家战略的机遇，主动参与，积极对接，充分发挥自身优势，协调"一带一路""四个中心"、上海自贸区等统筹发展，推动"一带一路"建设和上海自身的发展。

一、上海参与建设"一带一路"

上海参与建设"一带一路"应当在先行者和领跑者的思想下，明确其在"一带一路"建设中的定位以及主要任务，立足自身区位、政策以及经济等优势，协调各方力量，分区域、分阶段、有步骤地进行。

（一）上海参与建设"一带一路"的具体定位和主要任务

立足上海的自身优势以及实际情况，在参与建设"一带一路"过程中，致力于将上海打造为"一带一路"上的交通枢纽中心、经济贸易中心、科技创新中心和人文交流中心。

1. 交通枢纽中心

上海的海陆空交通优势明显，交通基础设施完善，已经形成了公路、铁路、航空、航运等全方位多层次的综合交通网络。上海在交通优势领先的同时，为更好地参与建设"一带一路"、长江经济带，更好地推动上海自贸实验区和四个中心的建设，依然持续不断地完善内外交通网络，争取构建起连接国内外的立体交叉、便捷通达的交通网络，致力于打造"一带一路"上的交通枢纽中心，为与"一带一路"沿线国家和地区的交流合作打下互联互通的基础。

2. 经济贸易中心

上海经济发展水平高，产业基础雄厚，对外贸易频繁，经济发展综合水平历年来居于全国首位，是名副其实的经贸中心。在"一带一路"的新形势下，上海更应当发挥其经济上的优势地位，进一步提升自身经济发展水平，调整并完善产业结构，重点加强同"一带一路"沿线国家和地区的经贸往来，致力于将上海建成"一带一路"上的经济贸易中心，争取在世界上最长的两条经济大走廊、文化大走廊中奉献出自己的一分力量。

3. 科技创新中心

在加快建设具有全球影响力的科技创新中心过程中，上海不仅具有创新的政策优势，还具有创新的人才优势、环境优势。以创新驱动发展是上海发展方式的转变之一。在参与建设"一带一路"过程中，上海应当充分发挥其创新优势，加强与"一带一路"沿线国家和地区在科研创新方面的对接与合作，积极带动"一带一路"沿线国家和地区转变发展方式、提升科技创新能力与水平，争取将上海打造成为"一带一路"上的科技创新中心。

4. 人文交流中心

上海作为国际化大都市，文化具有多元性、开放性与包容性等特征。这种开放包容的海派文化，有助于上海与"一带一路"沿线国家和地区在文化领域进行交流与合作，也契合"一带一路"所倡导的尊重包容多样文明的态度。在参与建设"一带一路"过程中，上海充满活力的，紧跟潮流的都市文化，对沿线国家和地区具有一定的引领和带动作用。上海应当立足其文化优势，积极搭建交流合作平台，力争将上海建设成为"一带一路"建设过程中的人文交流中心。

在参与建设"一带一路"国家战略中，上海要明确自身定位，主动作为，积极参与到"一带一路"建设中去。此外，上海还应当明确参与建设"一带一路"的主要任务。首先要将"一带一路"的推进与长江经济带的发展结合起来，以上海为支点，推动区域经济的发展，服务与"一带一路"建设的构建。其次要协同"一带一路"建设、"四个中心"、科创中心以及自贸试验区协同发展，将上海参与建设"一带一路"的优势最大化。最后在"一带一路"建设背景下，上海要抢抓机遇，提升自己发展，将其打造为"一带一路"国家战略中对外开放的新枢纽。

（二）上海参与建设"一带一路"的优势

1. 地理位置优越

上海地处长江出海口，位于长三角东缘，面向东海，水资源丰富，腹地广阔，多天然良港，对内对外海运便利。同时，上海与江苏、安徽、浙江构成的长三角城市群是我国最为发达的地区，已成为全球6大世界级城市群之一，为上海发展提供了强力的支持。上海不仅是中国南北海岸线的中点，长江钱塘江如海的汇合点，更是长江经济带和"一带一路"的重要交汇点，扮演着重要的角色。优越的地理位置为上海自身的发展，以及更好地参与建设"一带一路"奠定了天然的基础。

2. 海陆空交通优势

上海已经形成了铁路、水路、公路、航空、轨道等规划合理、设施完善的综合交通网络。上海铁路、公路网络密布，客运站和长途班线众多。上海港持续保持国际集装箱枢纽港地位，2015年上海港年货物吞吐量达7.17亿吨，其中集装箱吞吐量3653.7万标准箱，连续6年保持世界第一。[2]上海航空枢纽服务水平也在不断提升，形成以上海为核心、衔接国际和国内的枢纽航线网络。上海浦东机场是中国三大国际机场之一，国际客流量居全国首位。优越便利的海陆空交通运输为上海参与建设"一带一路"奠定了互联互通的基础。

3. 政策叠加优势

作为中国最大的城市，从改革开放以后，上海享有众多政策的倾斜与支持，推动了上海经济的发展和对外开放的深化，有利于上海更好地与"一带一路"建设对接，为上海参与建设"一带一路"提供政策上的支持。首先上海是我国首批对外开放的城市之一，对外开放基础好成果丰富，将上海的对外开放推上一个新的台阶。其次是 2009 年国务院正式提出上海要打造"四个中心"的政策，即国际经济中心、国际金融中心、国际贸易中心、国际航运中心。对于上海经济发展方式的转变和共建国家"一带一路"建设发挥了重要的作用。最后是上海自由贸易实验区是中国大陆首个自贸区，对于实现贸易自由化、投资便利化以及推动"一带一路"协同发展具有重要的意义。

4. 经济发展优势

首先是上海的经济发展水平高，优势显著。2015 年，上海国民生产总值达到 24964.99 亿元，比上年增长 6.9%，居于全国第一，亚洲第二位，仅次于日本东京。[3]2015 年，上海人均生产总值达到 16560 美元，比上年增长 5.5%，相当于世界中等发达国家或地区的水平。[4]其次是上海的产业基础雄厚，产业结构逐步调整。上海已经形成了北面精品钢材及延伸产业集群，南面世界级化工产业带，东面国内微电子生产线最密集区，西面集产、学、研等于一体的汽车城，长江口造船及港口设备产业集群的先进制造业布局。[5]近年来上海经济保持平稳增长的同时，产业结构也开始调整，第一产业比重逐步下降，第三产业比重逐年提升。在"创新驱动发展，经济转型升级"战略的指导下，经济逐步从对资源和劳动力的依靠转向创新与智力。最后是对外贸易优势明显。在全球贸易形势低迷的情况下，上海的对外贸易持续稳步增长，2016 年口岸货物进出口达 68 820 亿元，占全国的 28.3%，占全球的 3% 以上，规模已经超越中国香港、新加坡等城市。[6]

5. 人才与创新优势

上海的目标之一就是将上海建成全球科技创新中心。为了推动科技创新中心的建设，上海首先是加大人才引进力度，构筑起上海创新的人才库。不仅出台支持上海科技创新的"22条"以及配套系列政策，还以创新人才为切入点，撬动创新优势、科技优势、产业优势。上海吸引了众多海内外优秀大学生留沪发展，其留学人员约占全国的1/4，在沪两院院士近200人，中央"千人计划"专家约500人。其次是营造良好的创新环境。上海不仅主动作为，在政府层面做好总体方案与具体规划，而且积极鼓励社会各方力量参与到创新之中，营造良好的创新环境，最后是实行具体的创新举措。为了加快科技创新中心建设，加大投资力度，2015年全社会研发经费支出占全市生产总值的比例达3.7%。[7]

6. 文化优势

上海是一座移民城市，文化是典型的"海派文化"，体现了东西方文化的交融。既包含中国传统的吴越文化，又包含现代的都市文化，文化的独特性与开放性并存，具有"海纳百川，兼容并蓄"的特点。上海文化的包容性有利于它更好地对接"一带一路"沿线国家和地区的多元文化，对于推动与"一带一路"沿线国家和地区间在文化领域的友好交流与合作，以及促进彼此间更深层次的理解具有重要的作用。

（三）上海参与建设"一带一路"的具体措施

2015年5月，上海积极推进"一带一路"实施方案已经初步形成，上海将结合自身优势，与"四个中心"建设、具有全球影响力的科创中心建设、自贸实验区建设等国家战略联动，重点聚焦经贸投资、金融合作、人文交流、基础设施等四大领域。[8]

1. 基础设施领域

上海应当加快建设和完善相关基础设施，为参与建设"一带一路"夯实基础。一是加快海港建设，提升航运能力。上海需要优化自身港口设施和航运条件，加强同内陆省份的合作，促进海陆联运网络的形成，使上海在"一带一路"建设中的货运环节发挥更加积极的作用。同时要提高同 21 世纪"海上丝绸之路"沿线港口的联系，构建相互间友好合作的平台，发展友好港口，为 21 世纪"海上丝绸之路"建设搭建港口网络。二是优化空港设施，完善航空线路。上海需要在空港基础设施建设上加大投资力度，建立现代化、国际化、便利化、一体化的航空站。同时需要开通更多的通往"一带一路"沿线国家和地区的航线，加强彼此人员的往来与相关领域的交流合作。三是完善上海与长三角铁路通道的互联互通，积极融入欧亚铁路网。上海的铁路交通已经比较完备，在此基础上应当更进一步的完善相关设施，为长三角协同发展和上海参与建设"一带一路"的陆上联通奠定基础。同时推动上海接通第二亚欧大陆桥，增开通往"一带一路"沿线国家和地区的专列，并主动参加到沿线国家和地区基础设施建设工作中去，为上海参与建设"一带一路"打好互联互通的基础。

2. 经贸投资领域

经贸投资领域是上海的优势所在，也是上海参与建设"一带一路"的重点领域。首先巩固传统市场优势，大力拓展新兴市场。上海经贸发展水平在全国居于首位，在参与建设"一带一路"过程中，上海应当保持原有的经贸发展水平，并不断优化产业机构，积极推进创新进程，大力拓展新兴市场，在加强自身发展的同时，带动周边地区及"一带一路"沿线国家和地区协同发展，为它们注入生机和活力。其次举办经贸展会，搭建合作平台。为更好参与建设"一带一路"，发挥上海的优势与带动作用，上海应当更多地举办经贸展会，增强与沿线国家和地区的交流机会，并积极搭建各类经贸合作的平台，与沿线国家和地区的合作机制化。最后实施"走出去"战略，加强上海对沿线国家和地区的影响力。应当鼓励上海企业把握"一带一路"建设的契机，培育和壮大市场主体，推动上海企业走到"一带一路"沿线国家和地区去，加大与沿线国家和地区在不同领域的合作。

3. 金融领域

建设国际金融中心是上海"四个中心"的定位之一，在参与建设"一带一路"过程中,应当推动国际金融中心建设和"一带一路"建设有机结合。首先要推动金融市场开放和人民币国际化,简化各类程序,将上海的金融市场交易功能拓展到沿线国家和地区。其次是加快建立"一带一路"跨区域投融资平台。支持境外机构在上海金融市场发行人民币债券,推动建立亚洲债券发行、交易和流通平台。最后是提升上海在"一带一路"上的金融服务能力。一方面要争取吸引更多的银行及相关金融机构在上海设立分支机构,另一方面鼓励上海金融机构走到"一带一路"沿线国家和地区,为"一带一路"建设的推进做好金融领域的服务。

4. 人文交流领域

上海具有独特的人文优势,人文交流领域是上海参与建设"一带一路"过程中不可忽视的部分。首先上海应当策划系列文化精品项目,为上海同"一带一路"沿线国家和地区的交流合作提供机会。其次上海可以开展相关领域的展会、交流会以及论坛等,为沿线国家和地区人员往来与交流合作搭建平台。再次,加强人才培养,促进教育合作。上海高校众多,可以加强相关领域人才的培养,促进与"一带一路"沿线国家和地区在人才培养上的合作,互派留学生,完善学位互认等。最后,高端智库的打造也不容忽视。上海应当打造与"一带一路"相关的高端智库,集聚专业人才,加强对沿线国家和地区各领域的研究,为上海参与建设"一带一路"建言献策,提供智力支持。

二、上海服务长江经济带建设

2014年9月,国务院印发《关于依托黄金水道推动长江经济带发展的指导意见》(以下称《意见》),确定长江经济带覆盖上海、江苏、浙江、安徽、江西、湖北、湖南、重庆、四川、云南、贵州等11省市,部署将长江经济带建设成为具有全球影响力的内河经济带、东中西互动合作的协调发展带、沿海沿江沿边全面推进的对内对外开放带和生态文明建设的先行示范带。2016年9月,《长江经济带发展规划纲要》正式印发,提出要以长江三角洲城市群为龙头，发挥上海、武汉、重庆等超大城市的引领作用，加快上海国际航运中心、武汉长江中游航运中心、重庆长江上游航运中心的建设，积极培育高端航运服务业态，大力发展江海联运服务。[9]

（一）上海服务长江经济带建设的背景

1. 长江经济带建设是我国国家区域发展战略的新选择

新的历史时期，中国的经济发展以及区域合作走向一个新的台阶。当前国家基础设施建设已经更加完善，海陆空交通已经构成互联互通的网络，生产要素和资源配置的效率极大提高，信息工程建设也已逐步步入正轨，网络联通和信息共享实现长足发展，区域间交流合作更加便利化。新的历史时期有新的设想和布局，国家先后提出"一带一路"倡议和长江流域经济带构想，对内推动区域协调发展，对外扩大与沿线国家的交流合作，东西联动，内外协调，共同发展。长江经济带的建设是打造中国经济新增极的重要战略选择，也标志着我国区域发展进入了一个崭新的阶段。

2. 长江经济带是未来中国经济发展的新支撑

长江经济带覆盖上海、江苏、浙江、安徽、江西、湖北、湖南、重庆、四川、云南、贵州等 11 省市，面积约 205 万平方千米，人口和生产总值均超过全国 40%。改革开放以来，长江经济带已发展成为我国综合实力最强、战略支撑作用最大的区域之一。[10] 但是在国民经济持续三十年的高速增长后，我国的经济正进入转型的关键时期，而长江经济带经济总量大，经济增长速度快，产业实力雄厚，对于推动我国工业化进程作用显著。同时长江经济带基础设施比较完善，对外开放格局已经形成，借助上海自贸试验区，还可以连接国际市场。由此可见，长江经济带在整个国民经济发展过程扮演着重要的角色，依托长江建设"黄金水道"不仅可以缓解经济下行压力，更是中国未来经济发展的支撑。

3. 长江经济带将有效推动"一带一路"国家战略

中国三十年的改革开放，重点位于东部的沿海城市和地区，形成了东部沿海城市经济发展水平高，对外开放程度深，而中西部地区经济发展水平低，相对闭塞的局面。长江经济带的建设能够将西部、中部、东部连接起来，推动整个长江流域的协同发展，形成对外开放新格局，使"一带一路"的建设有了更为坚实的国内基础。同时长江经济带连接东海出海口和西部云南口岸，将丝绸之路经济带和21海上丝绸之路连接起来，使"一带一路"建设中的互联互通达到一个新的层次。同时，通过渝新欧大通道与对中亚西亚乃至东欧地区的开放连接起来，进一步推进了"一带一路"建设过程中的对外开放水平与交流合作。

4. 中央对上海服务长江经济带建设提出新要求

国家在《意见》中明确指出，要发挥上海自身独特优势，将上海打造成为服务长江经济带建设的龙头，发挥上海在各方面先行先试的带头作用，总结并推广相关经验，引领并带动长江经济带沿岸城市和地区的发展，这是新的历史时期下，上海"服务长三角、服务长江流域、服务全国"的重要使命。参与和带动长江经济带建设，促进流域联动发展，是上海面临的一项重大课题。同时，要求上海加快其作为国际航运中心的建设，加快国际运输通道建设，实现与周边国家基础设施互联互通，并通过上海，推动整个长江流域经济带对外的交流与合作。

（二）上海服务长江经济带建设的总体定位与安排

上海位于"一带一路"与长江经济带的交汇点，承担着"服务长三角、服务长江流域、服务全国"的任务。因此上海应当利用自身优势，及时抓住历史机遇，主动参与到服务长江经济带建设中去，推动长江流域经济发展一体化和区域化进程。为此上海积极对服务长江经济带进行定位和布局，致力于发挥上海的龙头作用，这既是落实国家战略的需要，也是谋求上海自身转型发展的需求。

首先，上海是国家实施"一带一路"倡议和长江经济带战略的重要基点。上海处于"一带一路"和长江经济带的交汇点，地理位置独特，上海应当发挥其特殊的区位优势，统筹国家"一带一路"倡议和长江经济带战略规划，实现"两带一路"互动发展新格局。上海不仅在推动国内跨区域合作和服务长江经济带建设中扮演重要角色，在引导和推动同"一带一路"沿线国家和地区的国际跨区域合作上也发挥着重要的作用，是国家实施"一带一路"倡议和长江经济带战略的重要基点。

其次，上海是服务长江经济带建设的龙头。上海产业基础雄厚，经济发展水平高，一是要发挥其龙头作用，加快自身国际金融、航运、贸易和创新中心建设，促进长江三角洲一体化发展，打造具有国际竞争力的世界级城市群。二是要加强与上游和中游城市群之间的对接与合作，主动融入长江经济带建设，发挥辐射带动作用，提升资源配置能力，推动长江经济带产业由东向西合理有序的转移。三是总结和复制上海自身发展的经验并向长江经济带沿线地区推广，通过协同发展和跨区域合作将长江经济带沿线地区的发展带动起来。

最后，上海是推动长江经济带全方位对外开放的助推器。长江经济带建设要求培育全方位对外开放的新优势，上海作为服务长江经济带建设的龙头，应当协同长江三角洲地区引领对外开放的新形势，联动长江经济带沿线城市和地区，建设向西开放的大通道。同时积极对接"一带一路"建设，构建高水平对外开放平台，全面提升长江经济带开放型经济水平。

总之，上海需要立足国家战略部署，推动与上海"四个中心"建设、全球科技创新中心建设、上海自贸试验区建设以及"一带一路"战略协同发展，充分利用各政策叠加优势，确立政府指导、企业主导的市场运行机制，以服务基础设施建设先行，以促进产业协同发展为核心，以联合保护生态环境为基础，以实现要素自由流动为目标，通过相互间交流与合作，主动、有序地参与到服务长江经济带建设过程中。同时，还要加大区域合作机制构建、加大合作共建平台的力度，共同推进长江经济带建设。[11] 稳定有序地将上海打造成为"一带一路"和长江经济带的战略基地和长江经济带交流与合作的龙头。

（三）上海服务长江经济带建设的措施

1. 推动上海城市功能调整

改革开放以来，上海一直是中国经济的引领者，在迅速发展的同时其城市功能也在不断地升级。随着上海经济发展中产业结构的调整与提升，以及国际化程度的不断提高，上海更加充分地发挥区域优势与改革先行先试优势，作为一般城市的功能不断深化。与此同时，上海还提出了"四个中心"的目标，旨在将上海打造成为国际经济中心、国际金融中心、国际航运中心、国际贸易中心。在服务长江经济带建设过程中，上海可以从城市的新定位出发，以经济、金融、航运、贸易为切入点，加强与长江经济带沿岸地区的合作。同时上海要发挥带动作用，积极主动把部分功能转移出去，积极发挥其影响力，进一步整合资源，促进长江经济带经济一体化进程。

2. 推动上海与长江经济带沿岸地区合作机制构建

合作机制的构建，对于区域一体化发展建设具有重要的协调和推动作用。上海服务长江经济带建设过程中，应将长江三角洲区域合作机制的经验尽快推广到整个长江经济带区域，突破行政地域的限制以及地方保护主义，建立起各省市政府间高效便捷的协调机制。首先是推动上海与长江经济带沿岸各省工作合作机制的构建。各省接受长江经济带发展小组以及办公室的统一领导，按照统一区域规划和协同方案，制定专门的配套政策并保障落实。在不同领域做好各地协同和衔接工作，保障长江经济带地区的共治理成效。其次是探索区域间利益共享的合作机制。成立相关研究中心开展利益共享机制研究，总结已有的上海园区跨区域合作模式与经验，分析比较股份合作模式，异地生产统一经营模式、产业招商模式、愿建模式和托管模式的不同条件和利益分享机制，为上海园区走出去服务长江三角洲建设做好准备。

3. 推动长江经济带合作平台的构建

在推动上海服务长江经济带建设过程中，应当坚持政府引导、市场运作、优势互补，合作共赢的原则，联合长江经济带九省二市，推动相互间合作平台的构建，为共同推进全流域协调发展和对内对外开放提供契机。首先上海应当主动牵头和联合长江经济带主要城市和地区，举办相关的主题展览、会议论坛、招商推介等活动，为沿岸省份和城市交流合作提供平台。其次长江流域航运公共服务平台是长江黄金水道建设的重要组成部分，应当设立航运发展合作交流机构，建设航运企业聚集区以及航运专业信息网络平台，推动长江经济带"黄金水道"的建设与航运事业的发展。最后打造长江经济带金融开放平台。上海自贸区金融机构和金融市场，对于长江经济带建设过程中的资金融通以及投资等有着重要的意义。因此打造长江经济带金融合作平台，有利于通过上海自贸区金融机构和金融市场，建立长江经济带与国内外金融市场的联通。

4. 推进上海自贸试验区建设，带动长江流域的经济发展

上海自贸实验区的建设致力于通过制度创新，打造与国际接轨的高标准自由贸易园区，推动贸易便利化以及离岸金融、货币自由结算、利率市场化等系列改革。上海是服务长江经济带建设的龙头，上海自贸实验区的建设不仅能够将上海的经济发展水平提上一个新的层次，而且也能够发挥龙头效应，通过自贸实验区建设驱动和引领长江流域经济带的发展。同时，自贸实验区相关经验也可以推广到长江流域沿岸城市，助力沿岸地区制度创新和产业转型。上海自贸实验区应当加快制度平台和服务平台建设，吸引更多的世界知名企业落户上海，增强对长江流域的经济扩散。同时充分发挥上海自贸实验区自身金融、市场等优势，增强与国际交流与合作，将更多的资金、技术以及相关项目引向长江流域地区，帮助长江流域沿岸城市和地区实现跨越式发展。

5. 推动上海全球科技创新中心建设，带动长江经济带科技进步

推动上海科技创新中心的建设，提升上海创新驱动能力，不仅是上海自身发展与转型的需要，也能对长江经济带沿岸省市科技创新和产业发展提供支持。通过上海科创中心的建设，能够形成上海独具特色的创新发展

模式，示范引领长江经济带创新驱动发展。在科创中心建设过程中，上海要建设关键共性技术研发和转化平台，实施引领产业发展重大战略项目和基础工程，将创新成果落到是实处。同时建立张江国家自主创新示范区，加快形成大众创业、万众创新的局面。此外，上海也要牵头推动长江经济带科技合作平台构建，共享长江流域科技资源和相关公共服务资源。加强上海同流域沿岸地区的重大科创项目合作，通过内外联动，构建长江经济带高新技术园区，形成创新产业集群。培养和引进服务长江经济带的创新型人才，打造国际化人才高地，为长江经济带建设提供智力支持。

三、上海自由贸易实验区建设

2013 年 8 月，国务院正式批准设立中国（上海）自由贸易试验区，试验区范围涵盖上海市外高桥保税区、外高桥保税物流园区、洋山保税港区和上海浦东机场综合保税区等 4 个海关特殊监管区域，总面积为 28.78 平方千米。[12] 2014 年 12 月 28 日，全国人大常务委员会授权国务院扩展中国（上海）自由贸易试验区区域，上海自贸区面积将从 28.78 平方千米扩至 120.72 平方千米，金桥开发片区、张江高科技片区和陆家嘴金融片区都被纳入自贸区范围。[13]

（一）上海自由贸易试验区的整体布局和发展目标

上海自贸试验区实施范围是 120.72 平方千米，可以划分为四个片区。第一个片区为综合保税区，涵盖上海外高桥保税区、上海外高桥保税物流园区、洋山保税港区、上海浦东机场综合保税区，占地面积 28.78 平方千米。第二个片区为金融片区，包括陆家嘴金融贸易区和世博前滩地区，占地面积 34.26 平方千米。第三个片区为开发片区，即金桥开发片区，占地面积 20.48 平方千米，第四个片区为高科技片区，即张江高科技片区，占地面积 37.2 平方千米。

综合保税区中，根据自贸试验区产业经济发展目标，依托原自贸试验区产业发展基础，原自贸区将加快发展国际贸易、金融服务、航运服务、专业服务、高端制造五大产业集群，重点集聚总部经济、平台经济、"四新"经济三大业态。外高桥保税区依托区域先发优势，联动森兰区域，打造成为以国际贸易服务、金融服务、专业服务功能为主，商业、商务、文化、休闲多元功能集成的综合性功能集聚区。外高桥保税物流园区依托外高桥港区和外高桥保税区，打造成为国际物流服务功能区。洋山保税港区充分利用洋山深水港得天独厚的深水岸线和航道条件，联动临港地区（包括南汇新城），依托自贸试验区和国际航运发展综合试验区的政策叠加优势，打造成为具有全球竞争力的国际航运服务和离岸服务功能区。浦东机场综合保税区充分依托浦东国际机场的亚太航空枢纽地位，发挥国际客流、商流、物流密集的独特优势，与周边国际旅游度假区等区域的联动发展，在强化国际航空服务功能的同时，拓展高端商业、贸易等功能，打造成为具有全球竞争力和吸引力的国际航空服务和现代商贸功能区。

陆家嘴金融片区是上海国际金融中心的核心区域、上海国际航运中心的高端服务区、上海国际贸易中心的现代商贸集聚区。陆家嘴金融片区致力于探索建立与国际通行规则相衔接的金融制度体系，与总部经济等现代服务业发展相适应的制度安排，持续推进投资便利化、贸易自由化、金融国家化和监管制度创新，加快形成更加国际化、市场化、法治化的营商环境。

金桥片区是上海先进制造业核心功能区、生产性服务业集聚区、战略新兴产业先行区和生态工业示范区。对于金桥片区的定位是，将以创新政府管理和金融制度、打造贸易便利化营商环境、培育能代表国家参与国际竞争的战略性新兴产业为重点，不断提高经济发展活力和创新能力。

张江科技片区是上海贯彻落实创新型国家战略的核心基地。对于张江科技片区的定位是，推动上海自贸试验区建设与张江国家自主创新示范区建设深度联动，提升张江园区创新力，重点在国家科学中心、发展"四新"经济、科技创新公共服务平台、科技金融、人才高地和综合环境等重点领域开展探索创新。[14]

在推进自贸试验区建设过程中，上海应当大胆先行先试，主动开拓创新,服务"一带一路"建设和长江经济带发展。作为国家第一个自贸试验区,上海争取取得更多可供复制和推广的成果,为其他自贸试验区的发展和建设提供学习的经验,彰显全面深化改革和扩大开放试验田的作用。

上海自贸试验区的建设目标,随着自贸试验区的发展每年都有所更新。根据2017年3月印发的《全面深化中国(上海)自由贸易试验区改革开放方案》,发展目标主要包括三个部分。一是致力于建立国际高标准自由贸易园区。上海自贸试验区的目标是到2020年,建立起同国际投资和贸易规则相衔接的制度体系,争取把上海自贸试验区打造成为投资自由、规则透明、监管高效、环境便利的国际高标准自由贸易园区。二是完善管理体系,营造良好的市场环境。上海自贸区建设需要健全投资管理体系、完善贸易监管服务体系、规范风险防控和金融服务体系、建立符合现代化要求的政府管理体系。争取形成法治化、国际化、便利化的营商环境,和公平、统一、高效的市场环境。三是联动上海市改革,以自贸试验区带动上海市发展。上海自贸试验区的发展建设应当联动上海市的改革,争取将自贸试验区的发展和创新经验推广到上海的其他地方,带动上海市整体发展。[15]

(二)上海自由贸易试验区建设的主要任务

1. 加快政府职能转变,提升政府治理能力

政府应当将综合指导与简政放权相结合,推进管理体制和方式的创新,提升政府的治理能力和服务水平,进一步推动上海自贸试验区的建设。首先是健全以简政放权为重点的行政管理体制。上海市应当转变政府管理方式,加快简政放权,同时深化行政审批制度改革,简化各类审批程序,推动政府按照精简高效的原则组织各部门的工作。其次是完善相关监管体制机制。落实市场主体首付责任制,在安全生产、产品质量、环境保护等领域建立责任追溯制度,鼓励社会力量参与市场监督,健全第三方机构参与市场监管的制度安排。最后是优化信息互联共享政府服务体系。应当建立横向与纵向的信息共享机制,明确部门间信息互联互通的规则。同时以数据共享为基础,真正实现市场准入"单窗通办""全网通办",个人事务"全区通办",政务服务"全员协办"。

2. 加强同国际通行规则的衔接,深化对外开放水平

上海自贸试验区的发展与建设应当主动同国际通行规则相衔接,按照国际最新标准,推动新一轮高水平的对外开放进程,探索开放型经济发展新领域,将上海自贸试验区建设推上新的台阶。首先是进一步放宽投资准入。最大限度缩减自贸试验区外商投资负面清单,推进金融服务、电信、互联网、文化、文物、维修、航运服务等专业服务业和先进制造业领域对外开放。其次是实施贸易便利化新规则。优化口岸通关程序,推进各环节监管方式改革,加快推进金融保险、文化旅游、教育卫生等领域的贸易便利化。最后是进一步深化金融开放创新,设立自由贸易港区等。金融方面,加快构建面向国际的金融市场体系,建设人民币全球服务体系,有序推进资本项目可兑换试点。自由贸易港区方面,在洋山保税港区和上海浦东机场综合保税区等海关特殊监管区域,设立自由贸易试验区。

3. 推进自贸试建设,服务"一带一路"建设

上海自贸试验区应当发挥自身在经贸、科技、金融等领域的优势,为推动"一带一路"建设发挥引领和带动作用。首先是实施有效措施促进经贸合作。积极推动上海国际贸易"单一窗口"与"一带一路"沿线口岸信息和服务的共享,加快促进上海港口与21世纪"海上丝绸之路"沿线港口的互联互通,促进"一带一路"沿线产业与科技领域的交流与合作,为加强上海与"一带一路"沿线国家和地区在能源、港口、科技等领域合作打好基础。其次是增强"一带一路"金融服务功能。上海作为国际金融中心,应当加强与沿线国家和地区在金融领域的合作,支持境外优质企业利用上海资本市场发展壮大,同时吸引各银行与金融机构积极投资,为"一带一路"建设的重大项目提供融资服务。

4. 推广自贸区创新成果,服务全国改革开放大局

上海自贸试验区建设是顺应全球经贸发展新趋势,实行新一轮对外开放的国家战略。其主要任务就是要探索我国对外开放的新路径和新模式,

加快推动政府职能转变，提高政府治理能力，促进经济增长方式的转变，优化经济结构，实现以开放促发展、促改革、促创新，形成可复制、可推广的经验，服务全国的发展。因此，在推进上海自贸试验区建设过程中，应当以理念创新、体制机制创新、政策创新和加强风险防控为重点，在市场准入、贸易便利化等领域快改革进程，对自贸区经验及时总结，加快形成可以在全国复制推广的经验。在新的历史背景下，争取发挥上海自贸试验区的引领作用和带动作用，为全国改革开放大局做好服务工作。

（三）上海自由贸易试验区与"一带一路"建设的交互影响

自贸区与"一带一路"建设是相互促进的，二者共同打造我国全面对外开放的新格局。一方面自贸区作为一个重要切入点，能够推动"一带一路"的发展，并且吸引更多的国家加入丝路经济。另一方面"一带一路"的发展建设对于自贸区的深入改革和广泛合作也具有重要的推动作用。[16]没有自贸实验区带来的贸易和投资便利化，"一带一路"的推进会面对众多阻碍。没有"一带一路"的基础设施建设和互联互通，自贸实验区的也很难实现真正的升级与发展。

1. 上海自贸实验区对于"一带一路"建设的推动

一是上海自贸实验区建设推动了"一带一路"建设过程中的贸易联通。上海自贸实验区在建设过程中，着力推进海关进出口程序的简化、外商投资限制的减少以及贸易便利化的提升，为上海与"一带一路"沿线国家和地区间的贸易往来做好了准备工作。首先是筹建大宗商品交易的市场，建立第三方仓单公示系统和清算系统，为贸易往来和贸易联通提供平台。其次是筹建沿线交通枢纽和节点城市的仓储物流基地和分拨中心，促进各类出口加工区和保税区等与"一带一路"沿线国家和地区的自由贸易合作。比如上海的洋山港等可与新加坡港及其自由贸易区、孟加拉国的吉大港、斯里兰卡的科伦坡等加强贸易、制造、物流等方面合作。我国建设"一带一路"的目标之一就是加强与沿线国家和地区之间的贸易往来，上海自贸实验区实施的推动贸易便利化的政策与措施，不仅是自贸实验区的建设步入一个新的台阶,而且大力推动了上海与"一带一路"沿线国家和地区的贸易联通。

二是上海自贸实验区建设推动了"一带一路"建设过程中资金融通便利化。上海通过提升高能机构和要素市场的集聚功能,发挥自贸实验区金融创新和服务业开放的优势,能够推动"一带一路"的资金融通和企业走出去。[17]在上海自贸实验区建设过程中,首先是加快推广国内资本走出去"备案制",改变了之前企业对外投资由过去多个部门的审批登记制的情况。自贸区管委会对3亿美元以下的境外投资项目一律实行备案制,3个工作日就能拿到境外投资项目或境外驼子开办企业的证书,大大缩短对外投资时间和流程。备案制的推广加速了上海企业"走出去"和在"一带一路"沿线国家投资的步伐。其次是增强跨境投融资的便利化。上海自贸实验区逐步取消境外融资的前置审批,使自贸实验区企业和金融机构境外融资更加便利化,同时也支持自贸实验区内银行开展跨境投融资业务,简化自贸区内直接投资项下跨境人民币结算及外汇管理项下的登记和变更等。上海自贸实验区内推行的资金融通系列措施,不仅便利化自贸区自身的发展,而且也为"一带一路"建设提供项目融资、创业金融等服务,推动了"一带一路"建设过程中资金融通便利化。

2. "一带一路"对于上海自贸实验区升级发展的推动

为了更好参与建设"一带一路",上海充分利用自身区位独特、海陆空交通便利、经济发展水平高、政策支持力度大以及人才与创新等优势,在基础设施、经贸合作、金融、人文交流等领域采取一系列切实可行的措施,致力于将上海打造为"一带一路"上的交通枢纽中心、经济贸易中心、科技创新中心和人文交流中心。而上海自贸实验区建设的主要目标和任务是转变政府职能,扩大投资领域开放、推进贸易发展方式转变、深化金融领域开放等。上海参与建设"一带一路"在很多领域与上海自贸实验区的建设的目标和任务相契合,建设"一带一路"采取的系列措施促进了上海自贸实验区在互联互通、经贸往来等方面发展,对于上海企业"走出去"

在国际社会发挥更大的影响力有着重要的推动作用。同时，"一带一路"是重要的国家战略，参与建设"一带一路"能够使上海走上更大的舞台，也使上海自贸实验区的建设享受到更多叠加政策的支持，对于推动上海自贸实验区的升级发展有重要的作用。

四、总结

世界多极化、经济全球化、文化多样化、社会信息化不断发展，世界日益成为一个相互依存、互利共赢的命运共同体。"一带一路"的倡议，正是顺应了和平、发展、合作、共赢的时代潮流。而作为我国改革开放的桥头堡和先行地，上海也应当紧抓"一带一路"国家战略的历史机遇，明确在"一带一路"建设过程中扮演的角色和定位，充分结合自身优势，主动作为，参与建设和积极服务"一带一路"倡议。同时，长江经济带也是新时期国家推动区域协同发展的重大战略，上海作为"一带一路"和长江经济带上的交汇点，是重要的节点城市。上海应当发挥其桥梁的作用，将"一带一路"建设和长江经济带建设对接起来，以长江经济带的协同发展与建设，为"一带一路"走向国际奠定坚实的国内基础，同时以"一带一路"的整体布局与推进，带动长江经济带地区实行全面对外开放新格局。自贸试验区的设立是国家激发中国经济活力，促进市场经济发展的重要举措。推动自贸试验区战略下"一带一路"的建设，具有重要的时代意义与价值。上海自贸试验区作为中国首个自贸试验区，其发展建设不仅促进上海本地经贸便利化，而且还形成可复制的试点经验在全国进行推广。上海自贸试验区建设带来的经贸、航运、金融、创新等领域的成果，对于上海参与建设"一带一路"更好的发展产生了积极的效果。此外，上海"四个中心"建设与全球科技创新中心建设对于"一带一路"建设的推动也有不可忽视的作用。

参考文献

[1] 郭泉真、李晔. 长江经济带是"两带一路"的关键 [N]. 解放军日报，2014-8-12.

[2] 上海市交通委员会. 上海发布"十三五"国际航运中心建设规划 [EB/OL]. （2016-09-12）. http：//www.jt.sh.cn/jtw/xwzx/n218/u1ai51758.html.

[3] 上海统计. 2015 年上海市国民经济运行情况 [EB/OL]. （2016-01-20）. http：//www.stats-sh.gov.cn/xwdt/201601/286557.html.

[4] 新华网. 上海的经济实力 [EB/OL]. （2017-04-06）. http：//www.sh.xinhuanet.com/2017-04/06/c_136186919.htm.

[5] 上海市人民政府发展研究中心课题组. 上海积极主动融入"一带一路"国家战略研究. 科学发展 [J]. 2015（78）：79-90.

[6] 东方都市网. 上海口岸贸易近年来占全球和全国的比重稳步上升 [EB/OL]. （2017-04-13）. http：//www.0817tv.com/zixun/yuanchuang/2017/0413/107684.html.

[7] 聚力科创中心，撬动科技优势 [N]. 人民日报， 2016-2-14.

[8] 新华网. 上海推进"一带一路"实施方案已初步形成 [EB/OL]. （2015-05-15）. http：//news.xinhuanet.com/house/sh/2015-05-15/c_1115294119.htm.

[9] 新华网. 长江经济带发展规划纲要：武汉上海重庆列为超大城市 [EB/OL]. （2016-09-13）. http：//news.xinhuanet.com/city/2016-09-13/c_129277743.htm.

[10] 国发〔2014〕39 号. 国务院关于依托黄金水道推动长江经济带发展的指导意见 [EB/OL]. （2014-09-25）. http：//www.gov.cn/zhengce/content/2014-09/25/content_9092.htm.

[11] 王晓娟. 上海参与和服务长江经济带建设研究 [J]. 上海经济. 2016（1）：57-71.

[12] 中华人民共和国商务部.国务院批准设立中国（上海）自由贸易试验区 [EB/OL].（2013-08-22）. http：//www.mofcom.gov.cn/article/ae/ai/201308/20130800262548.shtml.

[13] 东方网.上海自贸区扩围：金桥、张江和陆家嘴入围 [EB/OL].（2014-12-26）. http：//sh.eastday.com/m/20141226/u1a8510390.html.

[14] 中国经济网.上海自贸区扩区后区域地图、功能定位公布 [EB/OL].（2015-04-27）.http：//district.ce.cn/newarea/roll/201504/27/t20150427_5222265.shtml.

[15] 国发〔2017〕23号.国务院关于印发全面深化中国（上海）自由贸易试验区改革开放方案的通知 [EB/OL].（2017-03-31）.http：//www.gov.cn/zhengce/content/2017-03/31/content_5182392.htm.

[16] 张时立.中国自贸区建设与21世纪"海上丝绸之路"——以上海自贸区建设为例 [J].社会科学研究，2016（1）：57-66.

[17] 徐静，王前锋，许敏等."一带一路"国家战略中上海的定位与切入口研究 [J].科学发展，2016（3）：66-72.

第八章

云南省参与"一带一路"建设政策研究

一、云南参与建设"一带一路"

"一带一路"建设构想是党和国家新一届领导集体根据新时期我国发展面临的新形势、新任务提出的宏伟举措，对实现中华民族的伟大复兴有深远意义。云南作为我国面向西南开放的重要桥头堡，其独特的区位优势、现实的基础条件、未来的发展机遇，都表明了其战略地位举足轻重，对此云南要以孟中印缅经济走廊、大湄公河次区域合作为重要抓手，充分发挥在丝绸之路经济带建设中的重要作用。

（一）云南省参与建设"一带一路"的定位

1. 云南是"一带一路"连接交汇的战略支点

2000多年来，丝绸之路经济带作为连接中国西部与东南亚、南亚的通道，在促进经贸发展和人文交流等方面发挥了重要作用。云南始终是"一带一路"的重要组成部分。对内，正好处于中国经济带的接点和两大重要经济圈上，北上可连接丝绸之路经济带，南下可连接21世纪"海上丝绸之路"，向东可与珠三角、长三角经济圈相连。向南可通过建设中的泛亚铁路东、中、西三线直达河内、曼谷、新加坡和仰光；向北可通向四川和中国内陆腹地；向西可经缅甸直达孟加拉国吉大港沟通印度洋，进入南亚次大陆，连接中东，到达土耳其的马拉迪亚分岔，转西北进入欧洲，往西南进入非洲。[1] 对外，云南是中国西南部和中部地区对外开放的重要枢纽和平台，是中国西南地区与东南亚、南亚次区域合作的结合部。因此，内联可依托川渝连长江经济带，南接粤桂，可依托珠三角及港、澳与海上丝绸之路相连接；外联可发挥面向西南开放的重要窗口辐射作用，构建我国通往东南亚、南亚的陆路国际大通道。

2. 云南是沟通南亚、东南亚国家的通道枢纽

云南地处"三亚"（东亚、东南亚、南亚）和"两洋"（太平洋、印度洋）的结合部，是我国连接东南亚、南亚的重要桥梁，是孟加拉湾国家进入中国的最佳通道。与我国西部其他省份相比较，云南通过陆路、水路经缅甸、老挝、越南非常便捷地通向泰国、柬埔寨、印度、孟加拉国和斯里兰卡等

邻近国家。在先秦时期，云南便是古老的丝绸之路经济带的重要交通线，处在中外交通史上最早的前沿和起点。二战时期，云南在原丝绸之路经济带基础上构筑的史迪威公路，成为中国抗战最艰苦时期唯一的国际交通大动脉和抗战大后方获得国际支援的生命运输线，因此云南具有作为国际通道的重要节点和具有重要战略意义的地缘枢纽。

3. 云南是承接重大产业转移和产业聚集的基地

近年来，云南不断加强与周边省市区合作、滇沪、滇浙合作、泛珠三角区域合作和港澳台地区的合作，并通过承接东部地区产业转移，打造承接产业转移基地，推进泛珠三角区域合作。并依托国家级、省级开发区、边境经济合作区、口岸经济区，以及海关特殊监管区域，积极吸引国内外投资、国际金融组织贷款，以高起点、有针对性地承接沿海地区和国外产业转移，建设背靠大西南，连接珠三角、长三角地区，面向全国，辐射南亚、东南亚的产业转移基地。成功举办了3届中国—南亚博览会和23届中国昆明进出口商品交易会，成为西部省份重要的承接重大产业转移和产业聚集的基地。

4. 云南是沿边自由贸易试验区

云南是中西部地区走向国际的重要门户。沿边开放自古以来就是云南的特色所在、优势所在、潜力所在。云南是我国通往东南亚、南亚最便捷的陆路通道，具有沟通太平洋、印度洋，连接东亚、东南亚和南亚的独特优势。自1992年国务院批准瑞丽、畹町、河口3个国家级边境经济合作区以来，云南充分利用边境经济合作的平台，深入实施"工业稳区、贸易强区、服务富区"战略，不断推进开发开放进程，逐渐成为中国西部和中部内陆地区沿边开放进而走向世界的重要门户。云南以边境经济合作区、跨境经济合作区建设为重点，进一步完善跨境交通、口岸和边境通道基础设施建设，对于把中西部地区的经济发展纳入经济全球化发展之中的国家战略起到重要推动作用。

（二）云南省参与建设"一带一路"的优势

1.历史优势

从历史上看，早在秦统一中国之前，古代丝绸之路就已开通。在以后的数千年中，这条丝绸之路或马嘶阵阵、驼铃声声，或舟楫相望、船帆点点，上演着国际交流的动人故事。特别是抗日战争时期，当日本军队切断了我国所有出海通道，致使战略物资进口濒于瘫痪的危难之时，仅剩云南可以找到一个新的出海口。于是，迅速沿着路上丝绸之路的走向，修建了滇缅公路，开辟了驼峰航线，构筑了中印公路，铺设了中印输油管道。正是依靠这条运输生命线的巨大功能，我国才打赢了滇西战役，守住了大西南。云南在未来"一带一路"建设中也必将继续扮演重要角色。

2.区位优势

打造国际贸易投资合作开放新平台、建设连接南北大通道是"一带一路"建设的主要着力点，云南是亚洲的地理中心，是中国对西南开放的前沿和窗口。从南北方向，云南贯通了中国和南亚、东南亚泛亚铁路等国际通道，可以沟通太平洋与印度洋。从东西方向，云南联系了亚非欧三大洲。云南还是中国西南众多省份中唯一一个可以从陆上同时沟通东南亚和南亚。云南"东连黔桂通沿海，北经川渝进中原，南下越老达泰柬，西接缅甸连印巴"的独特区位优势凸显了云南在"一带一路"建设中不可或缺的地位，在整个国家全方位对外开放战略中是一个重要的节点。

3.政策机制优势

2011年国务院正式下发的《关于支持云南加快建设面向西南开放重要桥头堡的意见》，[2] 为云南加强与南亚、东南亚、东盟和印度洋沿岸国家交流合作给予了国家战略层面的最大政策支持，为云南参与"一带一路"建设奠定了良好的政策机制基础。1993年首次召开的昆明进出口商品交易会已经成功举办了22届，在南亚、东南亚乃至西亚和环印度洋地区国家有着很大影响。2005年参与的湄公河次区域经济合作使云南通过湄公河沿岸的5个东盟国家进入东盟市场，2010年启动的中国—东盟自由贸易区和推进滇池泛亚合作以及 2013 年中孟印缅经济走廊的建设为云南与东盟和南亚国家合作提供了良好的合作平台和基础。

4. 发展互补优势

云南与南亚、东南亚和东盟这些国家和地区在科技、能源、文化和信息等产业上各具特色，尤其在资源构成、产业结构分布和工农业产品方面具有很强的互补性。南亚、东南亚和东盟各国在石油、天然气、金属矿砂、木材、橡胶制品、热带植物等方面有着优势，而云南在化工产品、有色金属、机电产品、金属制品、烟草和农副业产品、能源产品、纺织品及服装等方面具有优势。另一方面，云南在制造业领域有着比周边邻国更雄厚的产业基础，无论是在矿产资源的深加工上还是其他制作业领域，周边国家都有可能成为云南企业的市场。近年来，伴随着双边贸易的增长、云南从上述国家进口的农产品、金属砂矿、橡胶及制品等大幅上升。与此同时，云南具有优势的例如机电产品特别是高新技术产品出口比重也明显增多。

（三）云南省参与建设"一带一路"的对策建议

1. 发挥地缘区位优势，继续大力构建国际大通道

一要构建云南—缅甸—印度洋国际大通道。即构建从中国腹地出发，经过云南、缅甸进入印度洋，既有管道运输 + 海洋运输、铁路运输 + 海洋运输，又有公路运输 + 海洋运输、民航运输 + 海洋运输的国际大通道。二要构建云南—印度洋的其他国际大通道。即构建云南—缅甸—孟加拉国—印度洋；云南—缅甸—泰国—印度洋；云南—老挝—泰国—印度洋；云南－缅甸—印度—印度洋等国际大通道。三要构建云南—印度国际大通道。就是建设从昆明出发，通往印度重要城市的国际高速铁路、高速公路、民航航线。四要构建泛亚国际大通道。即建设始于昆明，经马来西亚、泰国、缅甸、老挝、柬埔寨，尔后到新加坡的国际联网铁路、公路、民航。[3] 五要构建云南印度洋船队。扩大我国面向西南的对外开放，开辟我国新的西向贸易走廊，无疑得渡过印度洋，到达中东地区、非洲地区、南欧地区，很有必要积极尝试组建一个云南印度洋船队，主动挑起运输进出口商品的

重担。

2. 发挥政策机制优势，加大合作交流力度

一是用足桥头堡政策。2011 年 5 月，国务院出台了关于支持云南加快建设面向西南开放重要桥头堡的意见，给予了云南优惠的财税、金融、投资、产业、土地、价格、生态补偿、人才等政策。二是用足在沿边金融政策方面，用好国家给予的实施人民币跨境业务创新、完善金融组织体系、培育发展多层次资本市场、推进保险市场发展、加快农村金融产品和服务方式创新、促进贸易投资便利化、加强金融基础设施建设的跨境合作、完善地方金融管理体制、建立金融改革风险防范机制和健全跨境金融合作交流机制政策。三是用足其他优惠政策。国家对澜沧江 – 湄公河次区域合作、瑞丽国家重点开发开放试验区、昆明区域性国际金融中心、泛亚金融产业园区、临沧国家级边境经济合作区以及南博会、昆交会、边交会等交流合作平台也给予了一系列政策支持。显然，用足上述政策，就能使云南这些交流合作平台更有生机和活力，为参与建设"一带一路"当好开路尖兵。

3. 发挥发展互补优势，争取云南更好开放

一是发挥经济产业优势，培育特色经济产业基地。将本省特色产业建强、建大、建好，使之对内发挥枢纽集聚作用，成为东部产业转移的承接基地，对外发挥龙头带动和示范作用，成为面向印度洋沿岸市场的外向型产业基地和进出口商品生产加工基地。二是积极推进人民币在周边国家和地区的国际化水平。在"一带一路"建设中，人民币的国际化也是一个各界非常关注的问题。而云南与周边国家对人民币有着较高的认同感，具有得天独厚的优势。因此，云南应在加强双边贸易和旅游文化交流中不断探索更为顺畅的人民币双向回流机制，优化人民币跨境计价结算使用环境，支持金融机构开展跨境人民币产品创新，积极推进人民币的跨境影响力，力争打造云南成为面向南亚、东南亚国家和地区的跨境人民币金融中心。[4] 三是加速推进沿边自贸区建设进程。云南应发挥自身优势，依托现有跨境经济合作区有利条件，参照中国自贸区上海建设模式，在中缅、中越、中老三

个跨境经济合作区基础上，加快推进设立面向南亚、东南亚的沿边自贸区申请建设力度，最大限度实现区域内商品、资本、劳务自由流动。

4.建设智囊库，大力培育高素质人才

一是要培育优秀的外向型人才。加大力度在大专院校开设周边国家语种班，建立缅语学校、孟语学校、老语学校、泰语学校、印语学校、其他一些语种学校以及"泛亚语言大学"，积极培育外语人才、外贸人才、外联人才，使云南成为密集的外向型人才洼地。二是要培育优秀的企业家队伍，加大力度实施优秀企业家培育计划，逐步产生大批具有全球战略眼光、市场开拓精神、管理创新能力，精通战略规划、资本运作、品牌打造、生产营销，敢于走出去闯天下的一流企业家；三是要培育优秀的技术人才队伍，加大力度实施新兴产业技术人才培育计划，政府培育与企业培育并举，培育本土人才与引进外地人才并重，逐步形成大批掌握新兴产业技术、能够攻克关键核心技术、乐于到异国他乡开发创业的一流技术精英。推动云南对外开放，进一步深化云南与南亚、东南亚国家双边合作。

5.提高国际影响力，争取国际更多参与

一要争取缅甸更多参与，发挥近水楼台先得月的优势，依靠柔性攻关、务实外交、扩大经援等方法，获得缅甸中央政府、地方政府对"一带一路"建设的更多认同、支持、参与、配合。二要争取其他东南亚国家更多参与，落实"亲、诚、惠、容"周边外交理念，率先推进政策沟通、道路联通、贸易畅通、货币流通和民心相通，获得其他东南亚国家对"一带一路"建设的更多认同、支持、参与、配合。三要争取印度等南亚国家更多参与，善用恰当的对外宣传话语体系，理性阐释"一带一路"建设的友好内涵，减少不必要的猜忌和怀疑，获得印度等南亚国家对"一带一路"建设的更多。

二、云南打造面向南亚东南亚辐射中心

2015年1月，习近平总书记在云南考察时提出："云南要主动服务和融入国家发展战略，闯出一条跨越式发展的路子，努力成为我国民族团结

进步示范区、生态文明建设排头兵，面向南亚、东南亚辐射中心，谱写中国梦的云南篇章。"[5]在经济全球化曲折发展、国际区域经济合作不断深化和国家进一步深入实施西部大开发战略的新形势下，云南经济社会快速发展，滇中城市群带动能力明显增强，区域自主发展能力明显提高，全省经济社会发展取得显著成就，具备了进一步加快发展步伐、建设面向南亚、东南亚辐射中心的基础条件。

（一）云南打造南亚东南亚辐射中心的定位与布局

1.云南是沟通南亚东南亚国家的通道枢纽

云南和东盟加速建设的泛亚铁路、昆曼大通道等正是中国走向东南亚、南亚的重要枢纽。云南内铁路、公路、水路、航空等交通基础设施建设初见成效，能源、水利和信息基础设施建设也具有一定基础。近年来，云南与东南亚、南亚国家的经贸合作取得长足发展，贸易、投资和经济技术合作跃上新台阶。中国—东盟自由贸易区正式建立，大湄公河次区域合作深入推进，孟中印缅地区合作不断发展。以昆曼大通道等为代表的交通廊道有效促进了经济往来和文化交流，不断拓展云南和东盟加速开放领域和空间，云南从开放的末梢变为开放的前沿。

2.云南是与南亚东南亚交流合作的重要平台和窗口

20世纪90年代后，云南与东南亚、东盟国家之间的经济交流与合作日益紧密，双边贸易持续上升，相互投资、承包工程和劳务合作都有了很快的发展，已经确立了全方位、多层次、宽领域的对外交往大格局。大湄公河次区域经济合作、中国—东盟自由贸易区、孟中印缅（BCIM）地区经济合作论坛的建立，以及建立与泰国、老挝等国家的双边合作机制，都显示了云南的对外交往正在向着更高层次和更宽领域发展。另一方面云南发挥口岸经济优势。云南共有17个陆路口岸，其中对老口岸2个，对越口岸4个，对缅口岸11个，口岸数量居全国第2位，且有瑞丽、猴桥等10个国家一类口岸。[6]加上云南连接东南亚周边国家的公路、铁路、水运、航空、能源、信息通道构成的"立体大通道"已初具雏形，沿边口岸的开放平台效应将会得到释放，不断提高沿边开放水平和质量。

3. 云南跨境民族是中华文化面向南亚东南亚的重要载体和媒介

人文关系上的类同性，使得跨境民族对我国及毗邻国家的政治、经济、外交产生种种直接或间接的影响。云南是中国跨境民族最多的省份之一。云南有汉族和壮、傣、布依、彝、哈尼、拉祜、傈僳、景颇、阿昌、怒、佤、独龙、德昂、布朗、苗、瑶等十几个民族与缅甸、泰国、越南、老挝等国家跨国而居，各个民族不仅在历史上都有密切的渊源关系，在现实中也有较强的民族认同，观念风俗习惯相近，语言相通，历史上形成的探亲访友、通婚互市、过耕放牧、拜佛朝庙、节日聚会等传统交往至今未间断过，这些成为经济文化上互利互补的重要因素，促进了云南与周边民族团结和文化交流。

4. 云南是中国加强孟中印缅经济合作走廊建设和大湄公河次区域合作中的具体承担者

从国际政治角度看，中国处在欧亚大陆边缘地带，而沿海这一线无疑又是边缘中的边缘。随着美国"重返亚洲"加上东海及南海因海洋权属争议而形成的"问题体系"，中国东线战略压力倍增，急需寻找一个有巨大战略内生力释放空间的新战略后方。从这一维度看，"中印缅孟走廊"的地缘格局十分重要。从经济角度看，孟中印缅经济走廊把区域的互联互通推向了南亚地区，对于发挥云南地缘优势，进一步巩固政治互信、深化投资贸易、促进互联互通和加强人文交流起到了重要作用。同时，云南参与大湄公河次区域经济合作带来了铁路、公路、水运等方面的发展机遇，也带来了经济合作、进出口的合作对消费需求增长的拉动作用。尤其是孟加拉国吉大港将中东地区的石油、天然气直接经陆路进入云南是最为便捷的油气输送带，这无论从经济核算还是国家石油战略上讲都具有极为重要的意义和价值。

（二）云南打造南亚东南亚辐射中心的有利条件

1. 区位优势

云南是我国通往东南亚、南亚最便捷的陆路通道，具有沟通太平洋、印度洋，连接东亚、东南亚和南亚的独特优势。其历史地位和地缘意义极为重要：从全球的视野重新定位云南的世界经济坐标，就会发现云南位于东亚、东南亚和南亚三亚之枢纽、六江之动脉，沿亚洲6条大河独龙江（伊洛瓦底江）、怒江（萨尔温江）、澜沧江（湄公河）、金沙江（长江）、元江（红河）、南盘江（珠江）均可在云南形成自然的国际大通道。云南是亚洲的地理中心，省会昆明是"亚洲5小时航空圈"的中心，是南北方向贯通亚洲南北泛亚铁路等国际大通道与东西方向联系亚非欧三大洲，贯通三大洋的新亚欧大陆桥的交汇枢纽。独特的区位优势，凸显了云南在建设南亚东南亚辐射中心的地位。

2. 交通基础设施优势

在公路方面，云南通往周边国家的中越、中老泰、中缅、中印公路国内段以及通往邻省的7条干线公路已基本实现高等级化；通往老挝、越南等大湄公河次区域国家的国际客货运线已有16条，打通了云南对外开放的各条经脉。在铁路方面，"八入省四出境"的铁路网络已经纳入国家规划。目前，滇藏、昆沪、渝昆、云桂4条新的线路正在抓紧建设，中越、中泰、中缅、中国经缅甸至南亚的铁路正在开展前期工作。在航空方面，全省已建成12个机场，在建的4个机场将于今年投入运行，共开通航线393条，通航城市130个。[7]在水运方面，云南大力发展澜沧江—湄公河国际航运，全力建设长江黄金水道，积极开发右江—珠江水运通道，努力发展库湖区旅游航运，使全省水运建设取得了较为显著的成绩。这些都为云南建设面向南亚东南亚辐射中心提供了极为便利的条件。

3. 资金融通优势

资金融通是"一带一路"和南亚东南亚辐射中心建设的重要支撑。云南2013年11月启动沿边金融综合改革试验区建设，辐射带动作用已经显现：截至 2014 年末，全省跨境贸易人民币结算累计 2 044.6 亿元，新增本外币贷款迈上 2 000 亿元台阶，首创经常项目下开展人民币对缅币特许兑换业务，继上海后第二个获准开展人民币国际投贷基金业。[8] 跨境人民币业务已覆盖 75 个国家和地区，渣打、汇丰、东亚等外资金融机构入驻云南，中国建设银行泛亚跨境金融中心落地昆明，中国银行云南分行可兑换币种达 24 种。在当地人民银行的带领下和各银行总行的统一安排下，云南金融机构推出与老挝基普、泰国泰铢的直接交易，中国农业银行在瑞丽和东兴分别成立人民币结算的泛亚中心和东盟中心。

4. 友好关系优势

中国与云南周边的缅甸、老挝、泰国、柬埔寨、孟加拉国、斯里兰卡等邻国有着传统的友谊。缅甸新中国成立不久就与中国建立了外交关系，是与中国建交最早的国家之一，多年来两国始终保持着友好关系。老挝从争取国家独立开始，中国政府和人民在很多方面给予帮助和支持，在 2009 年两国建立全面战略合作伙伴关系以来，两国关系得到了极大提升，发展势头强劲。2007 年，中泰两国签署《中泰战略性合作共同行动计划》，[9] 稳定发展了两国在政治、经济、贸易、军事、教育等各项领域的友好合作。中柬两国和中柬两国人民在争取民族独立、维护主权和领土完整、国家繁荣富强的过程中相互支持，缔造了深厚的友谊。斯里兰卡则与中国自古在文化、贸易等方面就有了密切合作，2014 年 9 月中国国家主席习近平率领代表团访问斯里兰卡，并就建设 21 世纪"海上丝绸之路"达成了合作共识。这些为云南打造南亚东南亚辐射中心奠定了良好的睦邻友好关系。

（三）云南打造南亚东南亚辐射中心的对策建议

1. 重点建设区域性经济中心

经济发展水平决定了云南建设面向南亚东南亚辐射中心的广度和深度。要保持云南经济稳定增长，经济辐射能力不断增强。一是积极主动承接国内外产业转移。不断提升改造传统产业、加强技术创新和人才引进，推动产业结构优化升级，培育新兴产业，大力实施创新驱动发展战略，争取把云南打造成为国家重大资源型产业加工基地，面向南亚东南亚外向型产业基地和进出口加工基地。二是要加大招商引资力度，改善招商引资环境。积极转变招商引资方式，从过去依靠优惠政策招商转为凭借投资环境招商，从政府主导招商向市场化招商转变，不断扩大招商引资规模，优化外来投资方向，全面实施单一窗口和通关一体化，打造法治化、国际化、便利化的营商环境。三是加快现代物流业建设。积极搭建面向南亚东南亚的国际产能、装备制造合作服务平台，加快发展多层次的现代商贸流通业，构建布局合理、便捷高效的现代物流体系，加快物流产业发展，建设面向南亚东南亚的现代物流中心。

2. 加快建设开放型经济新体制

建设面向南亚东南亚辐射中心，云南需要进一步扩大开放，建设开放型经济新体制。一是要着力培育国际化、法治化和市场化的营商环境。深化开放管理体制改革，清理、废止、修改和制定一批适应新形势的加快外经贸发展的地方性法规和政策，加快要素跨境自由流动和资源优化配置，加大招商引资力度，扩大利用外资规模。依托中国—南亚博览会，积极打造面向南亚东南亚的贸易、投资、服务合作与发展平台，为中国与南亚东南亚企业相互合作、资源双向流动架起桥梁。[10] 二是不断推进外向型经济园区建设。加快发展现代制造业，提高服务业档次和现代化水平，建设一批特色监管区和出口加工基地，加强与南亚东南亚各国的产业互动，搞好产业对接，积极参与国际分工。三是实现转变外贸增长方式。大力发展服务贸易和技术贸易，进一步扩大对外贸易规模，重点打造一批外向型重点产业和重点企业，提高云南产品对南亚东南亚的市场占有率。

3. 加快完善基础设施建设

良好的基础设施是云南打造南亚、东南亚辐射中心的基本保障。一是要整合云南公路、铁路、航空、水运的优势。加快"七出省、四出境"公路建设，"八出省、四出境"铁路建设，"两出省、三出境"水运建设，形成通江达海、连接周边的现代综合交通体系建设，推进国际大通道转型升级。增加昆明飞往南亚东南亚的国际航线，加快建设昆明国家级门户和枢纽机场。二是要改造各类公共服务平台。全力推进会展、论坛、中心、合作功能区等开放平台、载体建设，拓展服务功能，完善运行机制，加快建设高水平的教育、卫生、科技、文化、体育等公共服务平台。发挥联动效应，积极拓展受理渠道，实现电话、网络、短信、传真、微信、微博全覆盖。[11]三是要依托国际大通道，建设通道经济，促进人流、物流、资金流、技术流、信息流的形成，使云南成为中国连接南亚东南亚的重要经济走廊，加强口岸设施建设，促进贸易自由化、便利化。

4.深化促进睦邻友好和互利共赢

睦邻友好是扩大辐射的重要条件。一是要完善提升合作机制。充分发挥各国比较优势，坚持互利共赢、共同发展的原则，更加主动、更加积极地回应其期待，共享机遇，共迎挑战，共创繁荣。积极参与孟中印缅经济走廊建设和大湄公河次区域合作，加强完善同南亚东南亚国家合作机制，积极开展地区和国家间的高层互访、经贸往来，落实一批重点合作项目。二是要加强人文交流。扩大与南亚东南亚国家间的留学生规模，互办文化节、艺术节、电影节、图书展等活动，增强两国新一代青年的文化认同感、合作意识。加强旅游合作，互办旅游宣传活动，联合打造具有"一带一路"特色的国际精品旅游线路和旅游产品，提高沿线各国签证便利化水平。三是要加强外事干部队伍建设。切实加强对外干部的集中统一领导，严格选拔机制，加强建设政治素质高、业务能力强、组织纪律严、经得起风浪考验的外事干部队伍，打造云南外事工作新品牌、新亮点。

三、昆明—云南打好"一带一路"建设的先行牌

云南的政治经济中心在昆明，以昆明为核心的滇中是推动云南全局发展的关键支点。在"一带一路"和孟中印缅经济交往过程中，昆明早就在这个经济带中，形成了一个以昆明为经济文化的中心，在英国人统治印度时，昆明被叫作"小孟买"，后来由于上海及香港的经济发展，昆明还被

叫过"小上海"和"小香港"。2015 年推出的《昆明市开放型经济体制改革工作总体方案》明确了昆明的战略定位，[12] 即面向南亚东南亚辐射中心的核心区、"一带一路"和长江经济带战略的重要支点、带动滇中城市经济圈一体化发展的"中央处理器"。为昆明主动服务和融入国家发展战略，加快区域性国际城市和世界知名旅游城市建设，当好全省跨越式发展的排头兵和火车头指出了明确思路。

（一）昆明参与建设"一带一路"的定位

1. 面向南亚东南亚辐射中心的核心区

昆明作为云南的省会城市，具有"东连黔桂通沿海，北经川渝进中原，南下越老达泰柬，西接缅甸连印巴"的独特区位优势，是中国面向东南亚、南亚乃至中东、南欧、非洲的前沿和门户。云南委、省政府明确了 12 类 40 条政策措施，赋予昆明更大的经济社会管理权限，使昆明建成区域性国际化城市。[13] 建设面向南亚东南亚辐射中心的核心区，将依托昆明区位通道、口岸通关、贸易投资、产业聚集的优势地位，打造面向西南开放的区域性国际贸易中心、物流枢纽中心、金融中心、信息中心、总部聚集中心、旅游文化中心和开放平台。昆明要借助"一带一路"建设，建立更好的交通运输网络，特别是在完善与周边国家直接联系的骨干通道时，可以尽快打通通道中缺失路段，畅通瓶颈路段。加快推进昆明与周边国家地区的各个领域的交流融合，扩大昆明的国际影响力。

2. "一带一路"和长江经济带战略的重要支点

昆明处在泛珠三角区域经济合作圈、大湄公河次区域经济合作圈、东盟"10+1"自由贸易区经济圈的交汇点。在新的发展格局下，昆明需要确定新的坐标系。一方面要打造引商、宜商的营商环境，根据重点产业布局的调整和产业转移的要求，推进昆明的产业结构调整、加快经济发展方式转变，积极架构区域经济带，为昆明实现稳增长、调结构、促转型、惠民生率先走出一条跨越式发展的新路子，以更好承接东部发达省份产业转移。另一方面要从周边国家的资源禀赋、产业特点、发展趋势出发，寻找产业发展的契合点和共振点。借助产业"西进"的东风，主动参与国际产业分工配套，谋求更大话语权，确定工业打头阵、产业为核心、投资为拉动、园区为载体，打造昆明成为"一带一路"和长江经济带战略的重要支点。

3. 带动滇中城市经济圈一体化发展的"中央处理器"

昆明在带动滇中城市经济圈一体化发展的"中央处理器"方面，要不断增强对滇中城市经济圈的综合竞争力和辐射带动能力。首先要深度融入世界贸易体系，启动沿边自由贸易试验区申报建设，重点推动以"负面清单"管理模式为特征的投资管理制度改革、以昆明综合保税区为平台的贸易管理制度改革、以沿边金融综合改革为志的金融制度改革，通过3至5年的努力，将中国（昆明）沿边自由贸易试验区建设成为全国沿边开放示范区。其次，推进贸易发展方式转变，积极培育贸易新型业态和功能，形成以技术、品牌、质量、服务为核心的外贸竞争新优势，提升在全球贸易价值链中的地位。最后建立完善要素交易平台。加快产权交易、有色金属（矿业）交易、生物医药交易和国际花卉拍卖交易等区域性要素交易中心建设，尽快形成以昆明泛亚联合产权交易所为龙头，以土地交易所、房产交易所、专利技术展示交易所和若干个专业交易平台为支撑的产权交易市场新格局。

（二）昆明参与建设"一带一路"所具有的优势

1. 区位优势

云南拥有无与伦比的区位优势——东连黔桂通沿海，北经川渝进中原，南下越老达泰柬，西接缅甸连印孟。而昆明作为云南的政治、经济、文化、社会事业发展中心和交通、通信枢纽，又浓缩了云南的区位优势。从地缘区位上看，昆明处于亚洲的地理中心和五小时航空圈中心，处于东盟"101"自由贸易区、大湄公河次区域经济合作圈、泛珠三角区域经济合作圈"三圈"交汇点，是我国面向南亚、东南亚乃至中东、南欧、非洲，连接中国、东南亚、南亚三大市场近30亿人口的陆路大通道枢纽。

2. 交通优势

交通是云南建设"一带一路"建设支点的基础和重要条件。"秦开五尺道、汉通西南夷"后,昆明就有了驿道运输,经过历代的开辟和拓展,昆明已经成为中国西部最重要的交通枢纽之一。当前昆明乘势而上,完善内联外引的综合交通体系,曾经被交通不利因素制约的西部地区,成了眼下交通先行发力的主要方向。昆明正着眼于统筹航空、铁路、公路、轨道交通等基础设施建设,打造高效、安全、便捷的现代综合交通运输网络,把昆明建设成为我国重要的区域性国家交通枢纽。

3. 产业转移优势

在"一带一路"建设背景之下,以及近年来发达国家和发达地区的产业纷纷向中西部地区转移,昆明的经济地位越来越受到关注。借助产业"西进"的东风、承接外部环境的推动,昆明主动参与国际产业分工配套,谋求更大话语权,确定了工业打头阵、产业为核心、投资为拉动、园区为载体,昆明实施产业培育提升计划,打好县区经济、园区经济、民营经济"三大战役"的思路。在新的发展格局下,昆明需要定位新的坐标系。从周边国家的资源禀赋、产业特点、发展趋势出发,寻找产业发展的契合点和共振点。鼓励有条件的昆明企业和资金进入东南亚、南亚市场,实施跨国生产和经营。

4. 对外开放优势

对外开放,实际上是昆明从偏安一隅到谋求国际化城市定位的跨越。具有一定经济影响力的国际区域性交通通信枢纽城市的定位,意味着昆明对国际化充满信心。在当前国际经济形势、全球需求普遍萎缩背景下,跨国企业竞争更多地集中在区域市场,昆明与重庆、成都、贵阳等位于西部的直辖市、副省级城市、省会城市相距半径都在1000千米左右,市场腹地广阔,是跨国企业进入中国内陆很好的战略选择。这些都为昆明参与和践行"一带一路"建设奠定了良好的基础。

5. 文化旅游优势

丝绸之路不仅是一条"经济发展带",还是一条人类文明交融创新的"文明带"。昆明形成了汇东方与西方、融传统与现代的特质,中原文化、少数民族文化与东南亚文化、南亚文化在这里和谐共生。多元在这里不是一个名词，而是活生生的现实。在昆明有上千韩国人，他们在昆明开韩国料理、在昆明置业，生活舒畅。在外国人眼中，除了昆明的生态、环境、美食和气候，最吸引他们的还是昆明历史悠久和丰富多彩的特色文化，逐渐形成了适合外国人居住的"昆明圈子"。

（三）昆明参与建设"一带一路"采取的措施

1. 完善基础设施建设

基础设施建设是昆明积极融入"一带一路"建设的保障。一是要加强昆明与沿边国家和周边省市的互联互通的交通建设。完善铁路运输通道主骨架和区域铁路路网，加快国际铁路、城际铁路和城市化轨道交通建设；提升公路运输能力和水平，完善公路运输通道系统，构建"两联、三纵、六连"的高速公路快捷通道；拓展航空运输网络，重点打造昆明全国性综合交通枢纽和西南区域性综合交通枢纽。二是要加快昆明市电信网、广电网和互联网三网建设，促进网络资源共享和互联互通，着力构建高效、融合、安全的信息基础设施。建设区域智能化信息基础设施，建设轨迹通信枢纽，强化网络和信息安全保障。三是围绕建设国际物流中心，建设现代物流园区极支撑体系，发展口岸物流和保税物流。以昆明为引擎，大理为枢纽，楚雄、保山为节点，对外辐射南亚东南亚国家，对内来联通长江经济带，形成国际国内双向拓展的物流基地。

2. 全面深化改革开放

全面深化改革开放为昆明在"一带一路"建设中赢得战略先机一是要进一步解放思想，转变观念，不断提高对外开放的广度和深度，不断提高开放型城市建设水平，使昆明在参与区域性国际城市的竞争中赢得先机。二是要全面深化改革开放，努力在行政管理体制机制改革、探索试行负面清单管理、金融创新等方面先行先试，在互联互通、人员往来、通关便利化等方面取得实质性进展，着力构建交通联动、产业联动、市场联动的合作机制，为昆明稳增长、调结构、促转型、惠民生做出贡献。三是要进一步加快昆明的开放步伐,加快推进跨境人民币金融服务中心建设,争取申请把昆明作为国家级内陆开放口岸,加快建设综合保税区。

3. 打造区域性国际旅游文化中心

一是昆明应该扩大特色文化的辐射范围和国际影响力,加大对自身文化资源的挖掘力度,注入现代文化元素,并注重融合东南亚、南亚文化元素,打造独特性与包容性兼具的文化环境,满足国际化城市人口多样性以及其他要素集聚对文化的需求,着力把昆明打造成为更有品质、更有吸引力的区域性国际文化旅游城市。二是要推进旅游产品由单一的观光型向观光度假、康体养生、休闲度假、商务会展、文化体验、专项旅游等复合型转变,扩展旅产业领域,延伸产业链条,充分释放旅游产业的经济、社会、文化功能,扩大旅游产业规模,提高综合效益,建设旅游文化产业基地。三是要加大旅游公共服务设施建设力度,提升服务品质。积极拓展旅游市场,打造世界知名的旅游品牌,开发国际旅游市场,深化国内旅游合作,加强城市形象宣传营销,向世界宣传昆明。

4. 建设区域性国际会展中心

一是要深化区域合作,提升完善服务功能,打造支撑开放型经济发展的开放平台。提升南博会的国际影响力,进一步优化会展业发展环境,建设面向南亚东南亚的区域性国际会展中心。推动"走出去"带动贸易,鼓励轻工、纺织、服装、家电、一般装备制造等国内技术成熟、国际市场需求大的行业生产能力向目标市场转移。二是要探索新的投资合作方式,率先建立境外能源、原材料基地和境外经济合作区,深化区域通关合作。推动昆明口岸与沿海城市港口的通关协作,使昆明货物进出口逐步实现"一次申报、一次查验、一次放行"。

5. 转变政府职能再造审批流程

再造审批流程,加快政府职能转变,推动简政放权,构建行为规范、运转协调、公开透明、廉洁高效的行政管理体制。一是要进一步放开一般制造业,取消钢铁、乙烯、造纸、起重机械、输变电设备、名优白酒等股比要求。有序推进商贸物流、电子商务、交通运输、社会服务、金融、文化等领域服务业开放。二是要鼓励外商投资现代农业、高新技术、先进制造、节能环保、新能源、现代服务业等领域，鼓励外商投资研发环节。提高政策透明度，允许类项目不再保留外资股比限制。

四、保山先行先试，打造孟中印缅经济走廊

保山古称永昌，地处滇西咽喉，历来是我国面向西南开放的重要门户和枢纽。2300 多年前，我国第一条国际商道从此穿境而过，国内的丝绸、茶叶、瓷器等正是沿这一通道源源不断地输往沿途各国。党的十八大以来，新一届中央领导集体高瞻远瞩，统筹国际国内两个大局，提出建设"丝绸之路经济带和 21 世纪海上丝绸之路"、中国—东盟自由贸易区和孟中印缅经济走廊等重大战略，历史性地将保山从改革开放的末梢推向了前沿。

（一）保山在孟中印缅经济走廊的功能定位

1. 保山是孟中印缅经济走廊的通道枢纽

孟中印缅经济走廊的陆路通道主要有北线、中线和南线三条线路。多年来，保山紧紧抓住国家西部大开发战略和云南实施"两强一堡"的战略机遇，举全市之力推进昆明—保山—腾冲—缅甸密支那—印度雷多之中缅印国际大通道建设，为北线建设打下了良好基础，北线延第二次世界大战时期中印公路即史迪威公路，从昆明经保山、腾冲进入缅甸密支那和印度雷多，再经孟加拉国吉大港抵达印度的加尔各答。该线路既是历史上丝绸之路的要冲、历代中缅印贸易的集散地，又是现代亚洲公路网 AH14、泛亚铁路西线的重要路段；中线从昆明经保山、瑞丽进入缅甸曼德勒和孟加拉国达卡，最后抵达印度的加尔各答，是孟中印缅汽车拉力赛所采用的线路；南线从昆明开始，昆明经保山、瑞丽进入缅甸曼德勒、密铁拉到达孟加拉国的吉大港，最后抵达印度的加尔各答，是四国连接深水港最便捷的通道，这三条线路各有所长，功能互补，而保山在三条路线上都处于重要的节点位置，无论修建哪一条线路，都可以为保山的发展带来利好。[14]当前，要

抓住国家倡导的"一带一路一廊"建设的重大机遇,积极参与和推进从昆明铁路、公路、水路、航空为一体的立体交通网络建设,把保山建设成为孟中印缅经济走廊重要的通道枢纽。

2. 保山是孟中印缅经济走廊的地方合作平台、交流窗口

保山要加强与周边国家和地区合作,形成全方位、多层次的交流。一是要加强双方政府领导层的交流、访问和各个部门间的对口合作,就相关事宜进行及时沟通和切磋。充分发挥保山市驻密办、外事、商务等涉外部门作用,加强对周边国家经济、文化、市场调研,搭建双边合作发展的市场商机信息服务平台。二是在经济层面上,搭建内引外联的经贸合作平台。大力推进猴桥边境经济合作区建设,按照边合区集工业加工、商务洽谈、商品展示与销售、金融贸易、跨境旅游、进出口加工、保税、仓储运输等多种对外合作形式于一体的功能定位,争取升级为国家级边境经济合作区或跨境经济合作区,成为服务经济走廊建设的重要经贸平台。三是在文化层面上,依托保山古丝绸文化之路深厚的文化积淀和丰富多元的哀牢文化、边地文化、侨乡文化、抗战文化等,搭建"一带一路"的文化交流窗口,加快文化"走出去"步伐和文化产业发展。加强与周边地区学校教育的合作与交流,提升文化软实力。

3. 保山是孟中印缅经济走廊的特色优势产业基地

特色优势产业是保山参与经济走廊建设的重要基础和支撑。要依托通道和走廊建设带来的比较优势,面向国际国内两个市场、两种资源,以各类在建的产业园区、经济合作区为抓手,加快特色农业、清洁能源、生物资源开发、出口加工、矿产资源加工等特色优势产业基地建设,大力发展以旅游业为重点的现代服务业,形成新的经济增长点,培育保山沿边开放新优势。在发展产业经济的同时,也应大幅带动和提升以隆阳、腾冲为双核,包括龙陵、施甸、昌宁等城镇在内的滇西边境城市群的形成和发展,加快整个保山市的城市化进程。与此同时,加快推动企业"走出去",优先在农业种植、装备建材、矿业加工、电子信息、生物医药、能源开发、商贸物流、

旅游金融等领域与缅甸开展产业合作。

(二)保山在孟中印缅经济走廊中的优势与条件

1. 交通优势明显

保山猴桥边合区位于"昆明—保山—腾冲—猴桥边合区—缅甸密支那—印度雷多"经济走廊上,该走廊全长 1208 千米。目前保山全市有边境县两个,国家一类口岸 1 个,边境通道 4 条,边民互市通道 13 条。同时,猴桥边合区与畹町、瑞丽、片马等口岸临近,距离均在 240~280 千米范围内,[15]居于要冲地位,已成为构筑云南沿边开放经济带的重要组成部分,同时能与广西北部湾经济区互为补充,进一步完善了我国西南对外开放的格局。

2. 区位优势明显

保山地处滇西咽喉,是云南主要的侨乡,区位是保山最大的优势。南亚、东南亚地区约有 20 亿人口,地域广阔、需求多样,近年随着经济的增长,人民收入水平的提高,传统和新兴产品需求也不断增长,已成为世界上最重要的消费市场之一。南亚各国资源和产业与我国存在着较强的互补性,他们加快发展的愿望也十分强烈,具有强劲的后发优势和区域合作空间。在此背景下,保山发展的关键在于充分发挥边贸区位优势,建成我国走向南亚的第一市。

3. 对外交流优势明显

保山自古以来就是我国与缅甸、印度文化交流融合之地,目前与保山人通婚的缅甸人约 5000 人。全市侨力资源丰富,海外华侨 28.9 万人,其中 90% 居住在缅甸和泰国,是建设孟中印缅经济走廊的宝贵财富。近年来,为加快推进"桥头堡"建设步伐,保山相继启动实施了工业、交通、城建、电力等一批"桥头堡"建设重大项目,为猴桥边合区发展奠定了坚实基础。2012 年 5 月 16 日,《云南省人民政府关于加快推进边境经济合作区建设的若干意见》(云政发〔2012〕77 号)已明确将猴桥边合区列为省级边境经济合作区。[16]为此,保山市政府高度重视,发文明确猴桥边合区党委工作和管委会的机构性质、规格、编制人数和组成部门。为猴桥边合区快速发展提供了有力保障。

4. 自然资源丰富

保山的气候类型多样，生物种类繁多。具有冬无严寒，夏无酷暑的良好气候条件，一年四季均可与周边往来，是中国陆地边疆通道建设中气候条件最为优越的地区，已知的植物种类有 2200 多种，其中高等植物 1400 多种，全市森林覆盖率达 62%，高黎贡山国家级自然保护区植物尤为丰富，被誉为"天难然植物园""物种基因库"。[17]且保山地处三江（澜沧江、怒江、伊洛瓦底江）多金属成矿带中南部——云南西部重要的成矿富集区，成矿地质条件优越，矿产资源丰富。此外，保山的能源资源也十分丰富，主要有水能、煤炭、地热能、天然气、太阳能五大资源，开发前景极为广阔。

（三）保山参与孟中印缅经济走廊建设的措施

1. 形成孟中印缅经济走廊区域产业的引导力

保山在中印缅经济走廊区域经济中，要充分发挥特有优势。一手抓传统产业改造，一手抓新兴产业培育，依托现有企业孵化新产业，瞄准南亚市场上项目，依托龙头企业构建产业集群。一是在特色经济方面例如花卉、茶叶、核桃、石斛、香菇、茧丝绸、生物制药、水蛭系列产品等的加工要坚持生产研发走在全省前列，做大基地、做强龙头、做优品牌，使产品得到市场广泛认可。二是要加快建设以家电、纺织、服装、建材、化工、商贸物流等为重点的外向型产业基地，形成涵盖聚酯纤维原料、坯布和服装、鞋帽、箱包、玩具、家纺等终端产品的产业集群。三是要助推工业化与信息化融合发展，致力打造数据灾害备份、大数据、云计算、面向南亚东南亚小语种呼叫四个中心，在孟中印缅经济走廊沿边开放中做好带头作用。

2. 扩大市场开放环境

对于中印缅经济走廊要建设国际城市，保山要放眼于国际、国内两个市场，以对内对外开放来解决发展问题。一是要在保山的猴桥边境经济合作区的基础上，设立腾冲自由贸易园区，成为贸易自由化、投资便利的先行实验区。二是要培育国际商品交易市场，如翡翠、黄龙玉、玛瑙等珠宝交易、期货市场，矿产资源商品交易、期货市场等。三是要搭建境外投资平台、招商引资平台、投融资平台；四是要开展国际教育合作、国际医疗合作、文化交流合作等，不断扩大保山的开放层次和领域，为"一带一路一廊"建设奠定基础。

3. 要形成体制机制创新和优惠政策

一是要加强统筹协调和规划引导。建立孟中印缅高层定期协商机制，每年要举办"孟中印缅经贸合作论坛"等交流活动，将示范区域纳入国家建设规划，有关部委负责相关协调工作。二是要创新贸易投资机制体制。如在腾冲自由贸易园区对所有进出口货物实行零关税政策。针对货物贸易的关税飞关税、检验检疫、政府福安解决等为题，构建平等高效的协调机制。简化对外投资审批程序，鼓励民营企业走出去。积极探索金融改革开放，加快人民币在贸易投资结算、离岸金融业务等方面的创新。三是要加大财税金融政策扶持。利用成立的亚洲基础设施投资银行、亚洲开发银行、世界银行等国际银行贷款加快大通道建设以及中央对地方的财政扶持政策，制定孟中印缅经济走廊建设的产业发展目录，为保山积极建设中印缅经济走廊打好政策基础。

4. 大力推进保山南亚跨国旅游圈建设

一是当地政府应着力调整产业结构，转变发展方式，实现经济的高效有序发展。搞好农业产业化建设、推进特色城镇化，加快推进旅游国际化步伐。可以邀请缅甸、越南、老挝、泰国登陆进过的知名华侨、华人和各种社团参观考察、回乡探亲，加强彼此之间的沟通与联系，推进民间交往与边民互市，进而推进双边旅游业的发展。二是保山市政府要加大鼓励宣传部分旅游企业到缅甸投资、承包旅游企业，管理饭店，缅甸投资商也到保山投资饭店等旅游基础设施建设，把保山建设成为走向南亚国际大通道的同时，把保山建设成为走向南亚的商业物流中心、世界旅游目的地之一。

五、总结

2013年，习近平总书记先后在中亚和东南亚之行中提出建设"丝绸之路经济带"和21世纪"海上丝绸之路"的"一带一路"建设构想。"一带一路"建设构想，是党中央主动应对全球形势深刻变化、统筹国际国内两个大局做出的重大战略决策，是我国新时期对外开放的新思路、新布局。云南以独特的历史优势、区位优势和良好的自然、经济和社会环境在"一带一路"的建设中扮演者举足轻重的作用，是中国连接南亚、东南亚的重要桥梁和纽带，具有沟通两洋、连接三亚的重要作用，是我国从陆路上融入全球化的重要通道。在国家实施"一带一路"建设的新形势下，云南要抓住机遇，趁势而起。结合国家西部大开发、扩大沿边开放等政策，特别是要结合国务院下发的关于支持云南建设面向西南开放的重要桥头堡的意见，运用自己独特的优势，不断加强交通基础设施建设、完善区域合作机制平台、发展沿边贸易、深化对外友好交往等，全面开花与突出重点相结合，在关键问题上实现突破，在丝绸之路经济带建设中发挥更大作用，成为构建"一带一路"全方位开放新格局的重要支撑，为实现全面建成小康社会，为实现"两个百年"的中国梦做出更大贡献。

参考文献

[1] 财经环球网.云南在"丝绸之路经济带"建设与向西开放的地位与作用 [EB/OL].（2015-11-13）. http：//finance.huanqiu.com/roll/2015-11/7974642.html.

[2] 中央政府门户网.国务院关于支持云南加快建设面向西南开放重要桥头堡的意见 [EB/OL].（2011-11-03）. http：//www.gov.cn/zwgk/2011-11/03/content_1985444.htm.

[3] 陈霖.云南参与"一带一路"建设的五大应有举措 [J].社会主义论坛，2014（11）.

[4] 朱雄关，姜瑾.云南在"一带一路"建设中的优势分析与对策思考 [J].楚雄师范学院学报，2015（4）：95-99.

[5] 云南日报.闯出一条跨越式发展的路子来——论认真学习贯彻习近平总书记考察云南重要讲话精神 [EB/OL].（2015-01-26）. http：//cpc.people.com.cn/pinglun/n/2015/0126/c78779-26449575.html.

[6] 云南网.云南"十三五"口岸发展规划出台构建大开放大通关大协同新格局 [EB/OL].（2017-04-13）. http：//news.163.com/17/0413/09/CHT4TNB2000187VG.html.

[7] 人民网.云南副省长刘慧晏：云南在"一带一路"建设中具有独特的优势 [EB/OL].（2017-05-15）. http：//yn.people.com.cn/n2/2017/0515/c378439-30180214.html.

[8] 新华网.云南：主动融入"一带一路"建设面向南亚东南亚辐射中心 [EB/OL].（2015-11-20）. http：//news.xinhuanet.com/fortune/2015-06/08/c_1115538704.htm.

[9] 新浪网.中泰签署"中泰战略性合作共同行动计划" [EB/OL].（2007-05-29）. http：//news.sina.com.cn/w/2007-05-29/093511915659s.shtml.

[10] 陈霖.云南参与"一带一路"建设的五大应有举措 [J].社会主义论坛，2014（11）.

[11] 云南网.昆明开放型经济体制改革"时间表"和"路线图"出炉 [EB/OL].（2015-08-17）.http://yn.people.com.cn/news/yunnan/n/2015/0817/c228496-26007821.html.

[12] 昆明市政府.中共昆明市委昆明市人民政府关于昆明服务和融入"一带一路"建设的实施意见 [EB/OL].（2016-09-09）.http://www.km.gov.cn/c/2016-09-09/1478702.shtml.

[13] 昆明日报.昆明借势联通打好云南"一带一路"建设先行牌 [EB/OL].（2015-04-09）.http://www.yn.xinhuanet.com/gov/2015-04/09/c_134135995.htm.

[14] 云南论坛秘书处.云南论坛2014——一带一路一廊，保山先行先试 [C].昆明：云南大学出版社，2015（9）：91.

[15] 云南论坛秘书处.云南论坛2014——一带一路一廊，保山先行先试 [C].昆明：云南大学出版社，2015（9）：104.

[16] 云南论坛秘书处.云南论坛2014——一带一路一廊，保山先行先试 [C].昆明：云南大学出版社，2015（9）：105.

[17] 云南论坛秘书处.云南论坛2014——一带一路一廊，保山先行先试 [C].昆明：云南大学出版社，2015（9）：105.

第九章

浙江省参与"一带一路"建设政策研究

"一带一路"是新一届中央政府着眼世界大局、面向中国与世界发展合作提出的重要战略构想，对于深化区域合作、促进亚太繁荣、推动全球发展具有重大而深远的意义。浙江在历史上就是海上丝绸之路的重要组成部分，宁波港、泉州港和广州港是被公认的海上丝绸之路三大启动港口，浙江的杭州、温州、绍兴、宁波、舟山等城市也是海上丝绸之路上的重要节点城市。浙江作为东部沿海重要省份，在建设 21 世纪"海上丝绸之路"过程中扮演着不可或缺的角色。浙江应当发挥其自身优势，加快推进海洋经济发展示范区建设，着重推进自贸实验区的发展，加强宁波—舟山港口的建设等，致力于将浙江建设成为 21 世纪"海上丝绸之路"的排头兵和主力军。

一、浙江省参与建设 21 世纪"海上丝绸之路"

"一带一路"建设是浙江新一轮改革开放的新机遇。浙江要有机遇意识、开放意识以及合作意识，在国家战略总体布局中找准定位，积极主动地参与到"一带一路"建设中去，促进浙江对外开放的全面升级。

（一）浙江省参与建设 21 世纪"海上丝绸之路"的定位

1. 中国江海联运和区域联通的枢纽

浙江地处中国东部沿海地区，位于长江三角洲的南部，是长江黄金水道和南海海运大通道构成的"T"形宏观格局中的交汇地带，具有连接东西、辐射南海的区位优势，[1] 可以说浙江是连接丝绸之路经济带、21 世纪"海上丝绸之路"以及长江经济带的枢纽区。特殊的地理位置，使浙江不仅拥有中西部广阔的腹地，还能面向国际。对内可以通过"长江经济带"对接"丝绸之路经济带"，以江海陆联运的"无缝对接"实现中西部地区"借船出海"，推动"一带一路"与长江经济带联动发展。对外可以利用优越的航运条件，通过 21 世纪"海上丝绸之路"通往沿线国家和地区，扩大我国与世界各国的交流与合作。为向中西部拓展腹地，宁波—舟山港 2009 年实施西进战略，到 2013 年开通海铁路联运城市 17 个，完成海陆联运 10.5 万标箱，为丝绸之路经济带沿线地区货物出海开辟通道，充分发挥了浙江在 21 世纪"海上丝绸之路"建设过程中的航运枢纽作用。

2. 战略安全和战略资源的保障区

首先，浙江是维护我国海洋安全的战略重地和走向太平洋的重要保障通道，对 21 世纪"海上丝绸之路"建设具有重要的安全保障作用。舟山群岛扼住长江入海口与南海海上通道，是我国走向太平洋的重要军事战略基地，也是应对海上传统安全和非传统安全威胁，化解外围岛链和海峡封锁的重要基地；[2] 其次，浙江也是 21 世纪"海上丝绸之路"建设中的战略资源储备区。宁波—舟山港区域已建成亚洲最大的铁矿砂中转基地、全国最大的商用石油中转基地、国内沿海最大的液体化工储运基地、全国重要的粮油中转基地、国家石油战略储备基地、华东地区最大的煤炭中转基地，发挥着国内外资源配置和国际要素集散功能，应该是 21 世纪"海上丝绸之路"建设的战略物资重要储备区；同时位于浙江海域的东海油田储量丰富，浙江在东海的油气资源开发技术以及产量不断提升，对于保障国家能源安全，推动 21 世纪"海上丝绸之路"建设具有深远的意义与价值。

3. 中国开放合作先行区

浙江历史上是古丝绸之路的商品集散中心，新时期依然与 21 世纪"海上丝绸之路"沿线国家和地区保持着密切的经贸往来。作为我国对外开放最早、开放程度最高的省份之一，浙江 2013 年外贸出口额达到 2488 亿美元，居全国第三位。同时浙江外贸顺差全国最大，境外投资合作位于全国第一，与东盟的贸易居于全国前列。此外，浙江的电子商务比较发达，其电子商务交易额度约占全国总交易的一半以上，其中只阿里巴巴平台就活跃着 8 万多中国供应商，约占中国外贸出口企业的 5%。同时超过 640 万浙江人在省外投资创业，其中海外浙商超过 50 万人。创办企业 26 万家，投资额约 4 万亿元。浙江应当利用参与建设 21 世纪"海上丝绸之路"的契机，利用其产业优势打造好"路上浙江"，利用优良港口打造好"海上浙江"，利用遍布全球的浙商网络，接轨一带一路打造好"海外浙江"。

（二）浙江省参与建设 21 世纪"海上丝绸之路"的优势

1. 地理位置独特，港口条件优越

浙江地处我国东南沿海和长江三角洲南翼，东临东海，面向太平洋，西连长江流域和内陆地区，北接上海、江苏两省。浙江陆域面积 10.55 万平方千米，占全国陆域面积的 1.1%，是中国面积较小的省份之一。但是浙江海域面积 26 万平方千米，是陆地面积的两倍。面积大于 500 平方米的海岛有 2 878 个，大于 10 平方千米的海岛有 26 个，是中国岛屿最多的省份，其中面积 502.65 平方千米的舟山岛为中国第四大岛。在"2015 中国海洋宝岛榜"中，浙江有 21 个海岛上榜，占总数的 1/5。[3]浙江海岸线总长 648 6.24 千米，占中国的 20.3%，居中国首位。其中大陆海岸线 2 200 千米，居中国第 5 位。浙江岸长水深，可建万吨级以上泊位的深水岸线 290.4 千米，占中国的 1/3 以上，10 万吨级以上泊位的深水岸线 105.8 千米。截至 2013 年，有港口 58 个，泊位 650 个，年吞吐量 2.5 亿吨。海岸滩涂资源有 26.68 万公顷，居中国第三。浙江省海洋资源十分丰富，东海大陆架盆地有着良好的石油和天然气开发前景，港口、渔业、旅游、油气、滩涂五大主要资源得天独厚，组合优势显著。[4]

2. 经济发展水平高，对外贸易频繁

浙江是我国经济发展程度最高的省份之一，与安徽、江苏、上海共同构成的长江三角洲城市群，是国际六大世界级城市群之一。首先，浙江经

济增长速度快，发展水平高。据初步核算，浙江全年地区生产总值 46 485 亿元，居于全国第二，比上年增长 7.5%。人均 GDP 为 83 538 元（按年平均汇率折算为 12 577 美元），增长 6.7%，达到中等发达国家水平；[5] 其次，浙江省内各地经济发展程度差异小，发展均衡。浙江所管辖所有 11 个地级市的人均 GDP 均高于中国平均水平，不仅发展程度高，而且十分均衡。浙江经济运行平稳向好，为其推动 21 世纪"海上丝绸之路"建设打下良好的省内基础，能够更好地发挥其在经济领域的引领和带动作用；最后，浙江对外贸易基础好，往来频繁。浙江对外贸易额度呈逐年上升趋势，2016 年，货物进出口总额 22 202 亿元，比上年增长 3.1%。其中，出口 17 666 亿元，增长 3.0%，出口占全国的 12.8%，份额比上年提高 0.6 个百分点；进口 4 536 亿元，增长 3.7%。其中对"一带一路"沿线主要国家合计出口 1506 亿元，增长 18.6%。

3. 数据资源丰富，信息产业发达

"互联网+"的概念已经席卷整个中国，信息产业在经济社会中的地位日益凸显，崭新的信息社会已经来临。中国信息通信研究院理论测算结果显示，2014 年中国信息经济总量达 16.2 万亿元，同比增长 21%，占 GDP 比重超过 26%。在浙江经济转型升级大潮中，发展以互联网为核心的信息经济是其重中之重。浙江的信息产业发展迅速，在全国一直处于领先地位。其中软件业、互联网平台技术、大数据、云服务更是业内的佼佼者。数据还显示，浙江省先后被列入国家级信息经济相关的试点示范达 30 余项，电子信息行业超百亿元企业 8 家，入围 2014 中国电子信息百强、软件百强和电子元件百强企业数分别达 13 家、9 家和 23 家，位居全国前列。2014 年，浙江乌镇举办了首届世界互联网大会，全景展示了中国互联网发展理念和成果。浙江的发展目标是到 2020 年，建成国际电子商务中心和全国物联网产业中心、云计算产业中心、大数据产业中心、互联网金融创新中心、智慧物流中心、数字内容产业中心和国家两化深度融合（即信息技术和工业融合）示范区。浙江对信息产业的重视和支持，使信息产业成为其未来经

济发展的支柱产业。在参与建设 21 世纪 "海上丝绸之路" 过程中，浙江是可以充分发挥其优势，协同沿线地区和国家走上 "互联网 +" 时代，推进 "网上丝绸之路" 建设。

4. 历史文化悠久，人才优势突出

浙江省是中国古代文明的发源地之一，也是江南文化和吴越文化的发源地。从河姆渡文化、良渚文化，一路走来历经千年风雨，吴越文化风采依旧，具有独特的魅力与价值。其中丝绸文化是吴越文化的标志之一，浙江一带自古就是丝绸生产制作的中心地区，早已参与到古代海上丝绸之路的发展之中。吴越文化独具特色，是浙江参与建设 21 世纪 "海上丝绸之路" 的文化名片。同时吴越文化有海纳百川的特点，能够更好地同 21 世纪 "海上丝绸之路" 沿线国家和地区在文化领域的交流与合作。此外，浙江面积虽小，但文物古迹众多，风景名胜不可胜数，旅游资源极其丰富，对于开展同 21 世纪 "海上丝绸之路" 沿线地区旅游合作领域具有独特优势。浙江自古以来就是人杰地灵之地，可以称作人才辈出。自东汉到现代，浙江籍文学家载入史册者已逾千人，约占中国的 1/6，科学界到处是浙江人的身影，"两院" 院士（学部委员）中，浙江籍人士占了近 1/5，其中宁波两院院士中国最多。在历史发展的新时期，浙江依然是人才培养与人才聚集之地，为其参与建设 21 世纪 "海上丝绸之路" 提供了智力支持。

（三）浙江省参与建设 21 世纪 "海上丝绸之路" 的实施路径

1. 加强战略资源合作

浙江参与建设 21 世纪 "海上丝绸之路" 的定位就是战略安全和战略资源的保障区。积极主动加强与 21 世纪 "海上丝绸之路" 沿线国家和地区的战略资源合作开发是必要之举。首先要推动与沿线国家和地区能源矿产资源方面的合作。21 世纪 "海上丝绸之路" 沿线国家和地区资源丰富，其中印度尼西亚是我国油气资源重要供应基地，也是我国第一大煤炭、铝土矿、镍矿进口国，马来西亚天然气资源丰富，是世界第二大液化天然气出口国等等。浙江应当加强同沿线国家和地区的合作，鼓励相关企业和技术团队

"走出去"，为沿线国家资源开发生产提供设备和技术支持。其次是浙江应当加强同沿线国家和地区农业和渔业资源方面的合作。农业和渔业的合作开发是 21 世纪"海上丝绸之路"建设优先合作的领域，也是沿线国家和地区的支柱产业。我国拥有市场、资金以及技术方面的优势，在农业和渔业领域与沿线国家合作前景广阔。同时浙江自古是中国的"鱼米之乡"，农业和渔业资源丰富。因此浙江应当积极推动同沿线国家和地区在这一优势领域进行深入合作，促进 21 世纪"海上丝绸之路"建设，推动沿线国家和地区互利共赢。

2. 促进海陆空联运，推动互联互通

21 世纪"海上丝绸之路"建设的重点就是国际大通道和经济大走廊的建设。浙江铁路网络完善，四通八达，河港海港众多，河运海运便利，同时空港也具有一定规模和数量。应当充分发展浙江在海陆空交通方面优势，积极推动 21 世纪"海上丝绸之路"国际大通道的构建。首先是充分利用从义乌通往新疆直达欧洲的"义新欧"铁路线，将"义新欧"打造成为"丝绸之路经济带"的重要战略支点。同时，积极构建江海陆空对接的立体综合交通网络，将浙江建设成连接丝绸之路经济带、21 世纪"海上丝绸之路"以及长江经济带的重要纽带。其次是着重将宁波—舟山港打造成为 21 世纪"海上丝绸之路"的枢纽港。积极推进宁波—舟山港一体化建设，真正做到运营一体化、管理一体化，通过有效整合提升港口的国际竞争力。同时积极推进宁波—舟山联合申报与建设自由贸易港，打造国际通行的自由贸易港战略平台，加上与 21 世纪"海上丝绸之路"沿线国家和地区的战略合作与业务对接。

3. 扩大跨境电子商务产业的发展与合作

浙江数据资源丰富，信息产业发达，在发展电子商务领域有着独特的优势。在推动 21 世纪"海上丝绸之路"建设过程中，浙江应当利用其大数据产业的优势，积极推动跨境电子商务产业发展与合作，为丝绸之路建设注入新的生机和活力。首先应当搭建同沿线国家和地区的信息交流平台，推动信息互联互通。浙江要依托国家交通物流公共信息平台,加快申报海上丝绸之路物流信息互联互通合作项目,推进港口、航运信息交换,形成便捷、高效的物流信息走廊。其次要搭建面向沿线国家和地区的跨境贸易电商服务平台,构建跨境电商产业链,提供电商通关、数据交换、外贸协定、商务信息等服务。最后要依托原有基础,在部分城市做好跨境电子商务出口试点工作,同时也好积极推进跨境电子商务的产业园区建设,并鼓励和引导相关企业在 21 世纪"海上丝绸之路"沿线节点城市建设"海外仓"。

4. 搭建"一带一路"区域合作新平台

浙江应当推动同 21 世纪"海上丝绸之路"沿线国家和地区在不同领域的合作,构建全方位合作新格局。首先应当拓展产业合作平台,加强同沿线国家在经贸、石化等领域的合作。浙江应当牵头开发重点产业项目,发展一些产业园区,并以这些项目和园区为平台,同沿线国家和地区开展经贸等领域合作。其次构建金融合作平台,促进投资融资便利化。浙江可以以宁波综合保税区等为依托,推动跨境人民业务创新,加快完善金融组织体系,培训发展多层次资本市场,拖进保险市场发展,加强金融基础设施建设的跨境合作,促进跨境贸易投资便利化。最后是搭建文化领域交流合作平台也不容忽视。浙江可以举办以海上丝绸之路为主题的文化节、展览会、学术论坛以及国际会议等,并邀请沿线国家和地区参与到系列活动中去。支持浙江高校以及相关研究机构开展海上丝绸之路相关的研究,建立与沿线国家和地区互访机制,密切双方人员往来,促进彼此间交流合作。

二、浙江省海洋经济发展示范区建设

2011 年 2 月国务院正式批复了《浙江海洋经济发展示范区规划》,浙江海洋经济发展示范区建设上升为国家战略。这是我国第一个海洋经济发展示范区,标志着浙江走出陆地,迈向海洋,突破面积和资源小省的局限,培育新的经济增长点,进入经济发展新时期。同时推进浙江海洋发展示范区建设,对于浙江对接 21 世纪"海上丝绸之路"战略具有重要的意义与价值。

（一）浙江省海洋经济发展示范区的整体布局和发展定位

浙江经济发展示范区的整体布局是，包括浙江全部海域和杭州、宁波、温州、嘉兴、绍兴、舟山、台州等市的市区及沿海县（市）的陆域，也包括舟山群岛、台州列岛、洞头列岛等岛群，其中海域面积 26 万平方千米，陆域面积 3.5 万平方千米，其中海岛的陆域总面积约 0.2 万平方千米。[6]

推进浙江海洋经济发展示范区建设过程中，主要立足浙江省优越的地理位置、丰富的海洋资源、发达的经济水平以及完善的体制机制，旨在将浙江海洋经济发展示范区打造成为我国重要的大宗商品国际物流中心、我国海洋海岛开发开放改革示范区、我国现代海洋产业发展示范区、我国海陆协调发展示范区、我国海洋生态文明和清洁能源示范区。并致力于增强浙江海洋经济综合实力，提高航运服务水平，改善海洋生态环境。

争取到 2020 年，全面建成海洋经济强省，力争全省海洋生产总值突破12000 亿元，大宗商品的储运与贸易、海洋油气开采与加工、海洋装备制造、海洋生物医药、海洋清洁能源等产业在全国地位得到巩固和提升，建成现代海洋产业体系。

（二）浙江省海洋经济发展示范区建设的具体规划

1. 优化海洋经济发展布局

建设浙江海洋经济发展示范区，需要立足各地特点，发挥不同区域的比较优势，对浙江海洋经济的发展进行优化布局，构建"一核两翼三圈九区多岛"的发展格局。一是推动宁波、舟山两地的一体化进程与协同发展，以宁波—舟山港海域、海岛及其依托城市为核心，并重点建设宁波—舟山港，打造 21 世纪"海上丝绸之路"的航运中心。二是以环杭州湾产业带及其附近海域为北翼，以温州、台州沿海产业带及其附近海域为南翼，充分利用北翼临近上海，南翼临近海峡西岸的优势，提升两翼的发展水平。三是注重杭州、宁波、温州三大沿海都市圈在海洋基础研究，科技研发与人才培养等方面的发展，力争在三大沿海都市圈原有基础上，推行产业转型，培育海洋经济增长点，打造海洋经济高层次重要区域。四是重点建设杭州、宁波、嘉兴、绍兴、舟山、台州、温州等九大产业集聚区，培养海洋经济发展的主要载体。五是根据各海岛的自然条件，推进舟山群岛的海洋资源开发与利用，致力于打造我国海岛开发开放的先导区。

2. 打造现代海洋产业体系

在推进浙江海洋经济发展示范区建设过程中，应当发挥特色优势，着重推进海洋新兴产业、海洋服务业、临港先进制造业和现代海洋渔业等领域的发展，构建现代海洋产业体系，助力海洋强国建设。首先要加大对新兴海洋产业发展的支持力度，增加财政支持，鼓励科技创新，推动以海洋清洁能源、海洋生物医药以及海水利用等领域的发展，着力将海洋新兴产业打造成为海洋经济支柱产业。其次是培育发展海洋服务业。在发展海洋产业的同时，海洋服务业也要跟进。大力推动涉海金融服务业、滨海旅游业、航运服务业、涉海商贸服务业以及海洋信心与科技服务业的发展，充分发挥海洋服务业对于海洋经济转型升级的推动和促进作用。最后以船舶工业为重点的临港先进制造业和现代海洋渔业的发展也不容忽视。

3. 构建"三位一体"港航物流服务体系

首先应当构筑大宗商品交易平台，着力打造舟山大宗商品交易服务平台和宁波生产资料交易服务平台，提升浙江贸易的现代化水平，将浙江打造成为21世纪"海上丝绸之路"上的货物集散中心。其次是优化完善集疏运网络。完善示范区航运配套设施，推进集疏运网络的构建，实现公路、铁路、港口等多种方式的对接，全方位多层次提高联运水平。最后是强化金融和信息支撑。在推进港航物流服务体系构建的同时，应当提升港航领域的金融服务水平，扩大投资融资渠道，同时构建物流信息系统，打造信息共享平台，实现信息领域的互联互通。

4. 健全海洋科教文化创新体系

海洋科教文化创新体系的构建，能够为浙江海洋经济发展示范区的建设提供智力支持，助力海洋经济示范区实现更高层次的发展。首先提升海洋类院校实力，提升对海洋类院校的政策支持力度，支持高校对于涉海学科的建设，加强不同高校在海洋领域的交流与合作。其次是加快涉海人才队伍建设，加快对于涉海人才的培养与引进，推动海洋人才队伍的构建。最后是加强海洋文化建设，主办与海洋相关的会议、论坛，举办海洋文化节、建设以海洋为主题的博物馆等，广泛普及海洋相关知识，形成关注海洋、科学开发海洋、有效保护海洋的良好氛围。

5. 加强海洋生态文明建设

推动海洋生态文明建设，有利于推动海洋经济的可持续发展。首先是合理利用海洋资源，提高资源利用率，加强对海洋资源利用的监管，建立科学合理开发与保护机制。其次是加强陆海污染综合防治，坚持海陆并举，区域联动，对海陆污染进行有效监控与综合治理，加大对海洋环保与近海海洋生态环境的支持力度。最后是推进海洋生态建设和修复。建设象山港海洋综合保护与利用示范区，推进"海洋牧场"建设，同时重视对红树林和湿地保护与修复工程建设，优化禁渔休渔制度等。

三、浙江省自由贸易试验区建设

2013 年 9 月，国务院批复成立了中国首个自由贸易试验区中国（上海）自由贸易试验区，2015 年 4 月，又批复广东、天津、福建三个自由贸易试验区。上海、广东、天津、福建自贸试验区取得显著成效，彰显了自贸试验区的试验田作用。为全面贯彻落实"十三五"规划要求，结合国家对外开放总体战略布局和推进"一带一路"建设需要，党中央、国务院决定在辽宁省、浙江省、河南省、湖北省、重庆市、四川省、陕西省新设立 7 个自贸试验区。[7] 自此，中国形成"1+3+7"共计 11 个自贸试验区的格局，这代表着自贸试验区建设进入试点探索的新航程。设立浙江自贸试验区是国家在新的历史形势下，进一步深化改革扩大开放的综合考虑。旨在充分利用浙江独特优势，发挥其示范带动、服务全国的积极作用。此外，推进自贸实验区的建设，也是浙江参与建设 21 世纪"海上丝绸之路"的重要砝码。

（一）浙江省自由贸易试验区的整体布局与发展目标

2017 年 3 月，国务院印发《中国（浙江）自由贸易试验区总体方案》对浙江自贸试验区的政体布局和发展目标等进行规划。浙江自贸试验区主要是落实中央关于"探索建设舟山自由贸易港区"的要求，就推动大宗商品贸易自由化，提升商品全球配置能力进行探索。

浙江自贸试验区的战略定位主要是以制度创新为核心，以可复制可推广为基本要求，立足浙江自身优势，致力于将浙江自贸试验区打造成为我国东部地区的重要海上开放门户示范区、国际大宗商品贸易自由化先导区以及具有国际影响力的资源配置基地，并将舟山建设成为 21 世纪"海上丝绸之路"和长江经济带的战略支点，以及我国新一轮对外开放的重点城市。争取经过三年左右的试验和探索，基本实现投资贸易便利化、高端产业集聚、法制环境规范、金融服务完善、监管高效便捷、辐射带动作用突出的目标。同时促进浙江以油气为核心的大宗商品全球配置能力显著提升，并且能够对接国际标准，初步建成自由贸易港区先行区。

浙江自贸试验区的整体布局主要是，自贸试验区主要包括三个片区，占地面积达到 119.95 平方千米。第一个片区为舟山离岛片区，占地面积 78.98 平方千米，这其中包括舟山港综合保税区区块二 3.02 平方千米。第二个片区为舟山岛北部片区，占地面积 15.62 平方千米，包含舟山港综合保税区区块一 2.83 平方千米。第三个片区为舟山岛南部片区 25.35 平方千米。

按区域布局划分，舟山离岛片区的功能定位是，鱼山岛重点建设国际一流的绿色石化基地，鼠浪湖岛、黄泽山岛、双子山岛、衢山岛、小衢山岛、马迹山岛重点发展油品等大宗商品储存、中转、贸易产业，海洋锚地重点发展保税燃料油供应服务。

舟山岛北部片区的功能定位是，重点发展油品等大宗商品贸易、保税燃料油供应、石油石化产业配套装备，保税物流、仓储、制造等产业。

舟山岛南部片区的功能定位是，重点发展大宗商品交易、航空制造、零部件物流、研发设计及相关配套产业，建设舟山航空产业园，着力发展水产品贸易、海洋旅游、海水利用、现代商贸、金融服务、航运、信息咨询、高新技术等产业。

按海关监管方式划分，自贸试验区内的海关特殊监管区域重点探索以贸易便利化为主要内容的制度创新，重点开展国际贸易和保税加工、保税物流、保税服务等业务。非海关特殊监管区域重点探索投资制度、金融制度等体制机制创新，积极发展以油品为核心的大宗商品中转、加工贸易、保税燃料油供应、装备制造、航空制造、国际海事服务等业务。[8]

（二）浙江省自贸试验区建设的主要任务

1. 加快转变政府职能

为推进自贸试验区的建设，浙江应当积极探索创建与世界贸易自由、投资体系相适应的行政管理系统。[9]首先是简化行政程序，提高行政效率。浙江应当推进简政放权、放管结合、优化服务改革。落实责任制度，建立权责分明，协调运转的高效自贸试验区行政管理体制。设立精简高效的统一行政办事机构，简化相关审批程序，推动受理、审查"一站式"系统，实施"一颗印章管审批"，提高行政效率。其次是建立统一标准的市场准入机制和高标准监管制度。浙江应当按照内外资一致的原则，允许其他市场主体公平公正地参与到负面清单以外的项目。同时完善相关监管制度，严格执行系列法律法规，保障主体合法权益，惩治违法行为。

2. 放宽投资准入，合理利用外资

在推进自贸试验区建设过程中，浙江应当稳步扩大对外开放水平，放宽投资准入，建立与国际接轨的外商投资管理体制，科学合理地利用外资。首先是积极构建相关投资管理体制。浙江应当减少或取消对于外资准入的限制，建立相关管理体制，对负面清单以外的项目，由繁杂的审核批准转为备案制，由舟山自贸试验区单独负责办理。相关投资的契约、章程等也由舟山自由贸易试验区负责审查存档管理。[10]其次是拓宽利用外资的领域。在做好各项风险评估的前提下，积极引进外国资金、先进技术以及高端人

才，为浙江自贸试验区的建设服务。支持开展外商投资股权投资企业试点，探索投资基金管理新模式。支持符合条件的外资股权项目、创业扶持基金项目在舟山自由贸易试验区开展与办理人民币经济。最后是探索对外商投资涉及相关人员的管理。建立透明的外商投资信息报告和公示的规章制度与相关平台，提升外商投资全周期监管的科学性、规范性和透明度。

3. 构建以油品为中心的产业链，推动油品贸易自由化

浙江自由贸易试验区应当依托深水港口自由和区位优势，服务国家经济安全战略需求，不断强化油品等大宗商品储备、加工、交易、补给服务等功能，打造我国大宗货物仓储运输港口加工商贸中心。[11] 首先是建设国际海事服务基地。浙江自由贸易试验区要按照国际通行标准，探索推动油品为中心的产业链的政策措施，并制定相关管理办法。同时加快拓展国际船舶管理服务，简化加油船舶通关手续，优化通关服务，为入港船舶提供必需用品，完善船舶修造等服务。其次是建设国际油品储运基地。加快码头、管网、油罐、地下油库、锚地、物流基地等基础设施建设，以原油、成品油为重点，满足国内需求的前提下，面向亚太以及 21 世纪"海上丝绸之路"市场，在舟山离岛片区布局大型油品储运基地。再次是建设国际油品交易中心。舟山自贸试验区可以依托浙江大宗商品交易中心，开展相关油品的交易，将浙江自贸试验区打造成为具有国际影响力的油品交易市场。最后是推动人才聚集，加快石油石化科技研发。支持舟山建设以石油石化为重点的高新技术开发区，培养并吸引石油石化相关人才，形成产学研一体化的高端自由贸易试验区。

4. 深化金融领域体制机制创新

浙江应当积极推动金融领域体制机制创新，增强金融服务意识，完善投资融资系统，为自贸试验区的发展做好金融服务工作。首先是扩大金融服务领域开发。浙江可以立足当时实际情况，依据监管政策导向，允许中资银行和外资银行在自贸试验区内设立子行、分行以及专营机构，为自贸试验区的发展建设提供相应的金融服务。其次是拓展金融服务功能。支持

融资租赁公司依托自贸试验区在大宗商品领域开展包含人民币计价结算、跨境双向人民币资金池等跨境人民币创新业务。鼓励地方政府通过引入社会资本方式，在自贸试验区内设立跨境人民币各类投资基金，按注册地管理，开展跨境人民币双向投资业务。最后是建立切实可行的金融风险防范体系。要增强风险意识，建立风险评估体系。

四、宁波—舟山港参与建设 21 世纪"海上丝绸之路"

宁波港和舟山港原是两个分开港口，2006 年浙江省对外首次宣布，"宁波—舟山港"名称正式启用，原"宁波港"和"舟山港"名称不再使用，宁波—舟山港管理委员会同时成立。[12] 宁波—舟山港的一体化，为长江三角洲地区经济发展添加重要砝码。21 世纪"海上丝绸之路"战略的提出，为宁波—舟山港的发展带来了新的历史机遇，宁波—舟山港应立足现实，发挥优势，提高港口服务功能，加强与沿线国家和地区的交流与合作，助力 21 世纪"海上丝绸之路"的发展和建设。

（一）宁波—舟山港与海上丝绸之路的历史渊源

海上丝绸之路是我国古代发展对外贸易的重要通道，早在秦汉时期就已经形成，发展壮大于隋唐时期，繁荣于唐宋时期，转变于明清时期。在海上丝绸之路发展的过程中，宁波港和舟山港凭借着其长江咽喉和贯通中国南北东西的地理位置，成为古代海上丝绸之路的重要节点。

隋朝时期开凿了贯通中国的大运河，当时宁波因为其独特的地理位置成为运河的南端终点。也因此打开了国内的市场，拥有广阔的腹地，与全国的贸易连接起来，为后来海上丝绸之路的繁荣奠定了基础。随着贸易往来日益频繁，唐朝政府设立了宁波港，当时被称为明州港，当时与广州、扬州、交州一起成为唐朝四大港口。

宋元时期，随着航海技术以及造船业的发展，海上丝绸之路的发展也达到了顶峰。当时，宁波、舟山两地的造船业位于民间造船业之首，建造了众多可用于远洋航线的大吨位船只。并且所造船只船体坚固，设备齐全，世界闻名，为我国海上丝绸之路的发展和远洋航行事业打下了基础。

宋元时期海上航行驿站开始建立，宁波、舟山成为海上丝绸之路上的重要驿站，在文化东进步和邻国交往以及自由贸易中发挥着重要的作用。中国最早的航海家徐福早在公元前210年就是从杭州湾一带出发，在舟山作了较长时间的停留，为船队远航补给粮食、淡水等，使得舟山成为华夏文化海上传播的最早驿站。公元744年后，佛学大师鉴真（唐代）10年间6次东渡日本弘法，其中第二次、第三次、第五次均经过此地。[13]这些显示出了当时的宁波—舟山港在整个东亚环海文化圈中扮演的重要地位。

明清两朝时期，虽然实行了海禁，海上丝绸之路没有过往贸易繁荣的盛况，但是宁波、舟山在远洋航行中仍然扮演着重要的作用。

由此可见，宁波—舟山港不仅是历史上中国的战略要地和海上航运的重要驿站，在"一带一路"倡议提出的新时期，也是中国走向世界的跳板，是中国同其他国家交往的"海上商埠"，以及21世纪"海上丝绸之路"上的重要节点。

（二）宁波—舟山港参与建设21世纪"海上丝绸之路"的优势

宁波—舟山港作为古代海上丝绸之路上的重要驿站，以及21世纪"海上丝绸之路"的重要节点，具有其独特的区位优势、优越的建港条件，雄厚的港口实力、以及丰富的海洋资源。

1. 独特的区位优势

宁波—舟山港位于长江出海口和我国东海的交汇点，西连长江黄金水道，东接亚太国际主要航道，扼守中国东南沿海航路的咽喉，是浙江和我国东部沿海的门户，地理位置异常优越。同时随着"一带一路"以及长江经济带战略的提出，宁波—舟山港成为连接丝绸之路经济带、长江经济带以及21世纪"海上丝绸之路"的重要枢纽。优越的区位优势，使宁波—舟山港在参与21世纪"海上丝绸之路"建设的过程中，能够成为国际贸易的重要中转站，对于加强与沿线国家和地区海上联系，扩大在海上航运、物流、贸易、文化等方面的交流与合作，具有不可替代的意义与价值。

2. 优越的港口条件

宁波—舟山港建港条件优越，是世界上著名的深水港和渔场。宁波—舟山港深水资源优势明显，深水岸线长；而且港池宽阔，遮蔽条件好，深水港域锚泊面积大，建港条件优越。同时，宁波—舟山港港域有岛屿作为天然屏障，避风避浪条件好，港域内潮差和台风增水相对较小，能够使第六代、第七代集装箱船和大型油轮、大宗散货船舶及更先进船舶的通行和靠泊，是建设世界一流大港的理想港域。[14]宁波凭借着其优越的港口条件，已经与世界200多个国家的600多个港口建立联系，开通了235条航线，其中只远洋航行就达120条，与东盟国家的来往的国际航线占据众多。不仅如此，还与众多港口建立了友好港的关系。优越的建港条件以及四通八达的航线，使宁波—舟山港在推进21世纪"海上丝绸之路"过程中发挥重要的作用。

3. 雄厚的港口实力

整合后的宁波—舟山港，港口功能、定位、布局实现了有序地开发，港口资源优势得到更好的利用，成为名副其实的世界第一大港。宁波—舟山港拥有19个港区，万吨级以上泊位150座，5万吨级以上泊位89座，236条航线连接100多个国家和地区的600多个港口，勾勒出港通天下，服务世界的航运贸易网，成为浙江经济与全球经济紧密联系的重要门户。[15]2013年，根据中港网发布的2013年全球10大港口货物吞吐量统计，宁波—舟山港成为全球首个8亿吨港，货物吞吐量达到8.1亿吨。2016年，宁波—舟山港货物吞吐量一举突破9亿吨，成为全球首个9亿吨大港。自2009年宁波—舟山港成为全球第一大海港以来，已经保持了"八连冠"。预计到2020年，宁波舟山港致力于初步建成全球一流的现代化枢纽港，全球货物吞吐量力争达到10亿吨，进一步巩固其作为全球第一大港的地位。

4. 丰富的海洋资源

宁波—舟山港区除了水深岸长、港口资源丰富，海洋资源也非常丰富。首先是渔业资源丰富。尤其是舟山地区，自古以来以渔业资源丰富而闻名，素有"东海鱼仓"之称，其附近海域由于自然条件优越，饵料众多，形成了中国著名的舟山渔场；其次是能源资源丰富。宁波舟山地区拥有丰富的海底油气资源，浙江自贸实验区建设过程中，就是立足于宁波—舟山港优越的港口条件以及丰富的海洋油气资源，旨在打造国际油品交易中心；最后是海洋旅游资源丰富，最突出的是舟山群岛的旅游资源。舟山群岛集海岛风光、海洋文化以及佛教文化于一体的海洋旅游资源在长江三角洲地区城市群中独具特色。舟山境内拥有佛教文化景观、山海自然景观和海岛渔俗景观达 1000 多处，主要分布在 23 个岛屿上。其中普陀山和嵊泗列岛是两个国家级风景名胜区。舟山群岛丰富的渔业资源和油气资源，能够助力21 世纪"海上丝绸之路"建设过程中，与沿线国家在这两个领域的交流合作与贸易往来。独具特色的海洋旅游资源有利于打造海上丝绸之路航线上的旅游胜地，对于加强与沿线国家和地区在旅游领域的互动合作，人员往来具有重要的意义。

（三）宁波—舟山港参与建设 21 世纪"海上丝绸之路"的对策建议

1. 立足自身优势，着力提升港口服务功能

作为世界第一大港，宁波—舟山港的港口条件优越，应当立足其独特优势，着力提升港口服务功能。首先应当提高政策支持力度，争取中央和省财政的政策支持和专项补助，推动宁波—舟山港整合提升和交易平台开发建设。其次是加强与港口相关的技术平台建设，促进数据的共享与联通。为提升宁波—舟山港港口服务功能，应当打造公共信息平台，加强港口建设以及经贸往来的数字化进程，便利化与港口业务与相关的交流合作。通过网络服务渔船公司及相关其他业务，促进港口业务的便利性、高效性与准确性。最后，宁波—舟山港还应当积极打造跨境供应链服务体系，建设跨境物流公共信息平台，利用电子商务平台提供共享资源，便捷高效低成本地开展商贸活动与友好合作，提高港口在国际市场上的竞争力。[16]

2. 以东盟国家为重点，深化与沿线国家经贸往来

东盟十国是 21 世纪"海上丝绸之路"沿线的重要国家，与宁波—舟山

港历史渊源深厚，贸易往来频繁。在参与建设21世纪"海上丝绸之路"的过程中，宁波—舟山港应当以东盟国家为突破口，加强与东盟港口城市的往来，促进区域间经贸合作。首先是加强与东盟各国的互联互通。充分发挥宁波—舟山港的远洋航行优势，结合宁波栎社机场和舟山普陀山机场国际航运功能，以及浙江省信息高速公路的作用，构建立体互联互通网络，为经贸往来与合作奠定坚实的基础。其次是搭建宁波—舟山港与东盟港口的合作交流平台，积极发展国际友港，扩大双方港口开放力度，完善港口间合作机制。最后是加强与东盟国家在重点领域开展经贸合作。扩大对东盟国家橡胶、煤炭、热带农作物的进口，增加对东盟国家渔业、油气以及矿产资源的出口，发挥宁波—舟山港在重点经贸往来上的对接作用，积极服务21世纪"海上丝绸之路"战略的推进。

3. 加强海洋旅游宣传，打造海上丝路旅游胜地

以旅游促进合作，推动与沿线国家和地区的友好往来，加强相互间的交流合作，是21世纪"海上丝绸之路"建设的一个重要抓手。宁波—舟山港所在两市旅游资源丰富，海洋特色明显，但是资源利用率低，竞争力弱，应当强化宣传推介，打造海洋旅游基地。首先是突出海洋文化底蕴宣传。包括海洋科学研究成果、历史宗教文化、海洋民风民俗以及与海洋相关的诗词歌赋等，深化文化底蕴，突出其文化特色，提升以海洋文化为主题的人文景观的吸引力。其次是加强对旅游特色和旅游区宣传，完善相关旅游服务功能。宁波、舟山等地在进行旅游宣传工作的同时，应当注重突显其"海天佛国、海洋文化、海鲜美食、海滨休闲"的特色，重点推介观音文化体验区、港城景观浏览区、经典岛村乐居区、滨海综合度假区、岛屿会所休闲区、海岛生态示范区等六大类特色旅游区，宣传邮轮旅游基地、游艇旅游基地、海钓旅游基地、康体旅游基地、禅修旅游基地等五大类旅游基地，[17]致力于将宁波、舟山区域打造成为海上丝绸之路上的旅游胜地。

4. 推进人文交流合作，打造海上丝路交流中心

海上丝绸之路不仅是一条商贸之路，更是一条文化的传播之路。加强

人文交流是建设 21 世纪"海上丝绸之路"的桥梁纽带，是推进共同繁荣的重要基础。宁波—舟山港作为 21 世纪"海上丝绸之路"重要的门户港口，应当加强与沿线港口在文化领域的交流与合作，积极搭建文化互联互通的平台，将人文融合放在重要的位置。争取举办与海洋资源、港口建设相关的学术会议与论坛，突显宁波—舟山港的优势所在。同时可以举办与海上丝绸之路、海洋文化相关的博览会，搭建中国—东盟文化交流活动和平台，互相借鉴与学习，促进文化领域的交流合作与稳定发展，推动 21 世纪"海上丝绸之路"建设过程中的民心相通。

5. 构建国际港口联盟，建设海上丝绸航运枢纽

习近平早在 2003 年在浙江省担任省委书记时就指出，浙江最大的优势是港口，可以发展成为全国之最甚至世界之最。[18]宁波—舟山港连续多年成为全球货物吞吐量最大的港口，不仅成为宁波、舟山两地的最大特色和优势，也成为浙江建设海洋经济发展示范区的重要依托。因此发挥港口优势，牵头组建国际港口联盟，推动与海上丝绸之路沿线港口互联互通与一体化进程，是宁波—舟山港发挥航运枢纽作用，助力 21 世纪"海上丝绸之路"建设的重要举措。在推进国际港口联盟的过程中，宁波—舟山港要以"资源共享、优势互补、互利共赢、共同发展"为目标，率先整合省内、国内港口资源，然后联合 21 世纪"海上丝绸之路"沿线各国港口，建立相互间信息共享平台、服务合作网络和常态化合作机制。[19]发挥宁波—舟山港在港口联盟中的连接作用，推动 21 世纪"海上丝绸之路"建设中区域一体化进程。

五、总结

作为统筹国际国内两大局的重大国家战略，"一带一路"不仅为中国新一轮对外开放注入新的内容，也为内陆、沿海的经济发展和对外开放指明了方向。浙江是中国改革开放的先行地和海上丝绸之路的重要发祥地，应当积极主动融入 21 世纪"海上丝绸之路"建设，旨在将浙江打造成为重

要枢纽，发挥浙江的引领和带动作用。在参与建设 21 世纪"海上丝绸之路"过程中，浙江应当充分利用其作为海洋经济发展示范区和自贸实验区的独特优势，利用政策叠加的优势和契机，进一步推动 21 世纪"海上丝绸之路"建设，服务于国家"一带一路"大局。同时，作为中国东部沿海省份，浙江拥有优越的港口资源，其中宁波—舟山港独具特色。浙江应当充分利用港口资源，着力推进宁波—舟山港建设，打造 21 世纪"海上丝绸之路"上的航运枢纽和战略支点。总之，浙江在参与建设 21 世纪"海上丝绸之路"过程中，需要整体布局，抓住重点，以开放倒逼深层次改革，争取成为建设 21 世纪"海上丝绸之路"的排头兵和主力军。

参考文献

[1] 张汉东."一带一路"下的浙江三大定位与三大重点 [EB/OL].（2014-12-31）. http://zj.zjol.com.cn/news/52141.html.

[2] 朱李鸣.浙江参与"一带一路"建设战略定位与举措建议 [J].浙江经济. 2015（13）：29-31.

[3] 浙江省人民政府.地理状况 [EB/OL].[2018-10-13]. http://www.zj.gov. cn/col/col922/index.html.

[4] 人民网.浙江省海洋资源 [EB/OL].（2011-03-11）. http://zj.people. com.cn/GB/187016/206635/14034737.html.

[5] 浙江省人民政府.2016 年浙江省国民经济和社会发展统计公报 [EB/OL]. （2017-02-24）. http://www.zj.gov.cn/art/2017/2/24/art_5497_2219112. html.

[6] 国家发展和改革委员会.浙江海洋经济发展示范区规划 [EB/OL]. （2013-03-24）. http://www.cme.gov.cn/gh/2013/qy/5.html.

[7] 新华社.中国将新设立 7 个自由贸易试验区，复制推广已有经验 [EB/

OL].（2016-09-02）. http：//news.sznews.com/content/2016-09/02/content_13808180.htm.

[8] 中华人民共和国中央人民政府 . 国务院关于印发中国（浙江）自由贸易试验区总体方案的通知 . 国发〔2017〕16 号 [EB/OL].（2017-03-31）. http：//www.gov.cn/zhengce/content/2017-03/31/content_5182288.htm.

[9] 王辉 . 行政法治与中国（上海）自由贸易试验区政府职能转变 [J]. 行政与法，2014（4）：20-24.

[10] 任挺 . 浙江舟山群岛新区建设自由贸易试验区研究 [D]. 浙江海洋大学，2016（5）.

[11] 倪晓磊 . 面向国际物流岛的舟山港口物流产业发展对策研究 [J]. 中国水运（下半月），2014（02）：52-54.

[12] 搜狐 . 地标评选之浙江：宁波舟山港 [EB/OL].（2009-09-08）. http：//news.sohu.com/20090908/n266551602.shtml.

[13] 徐明华，孙建军，王文洪等 . 浙江舟山群岛新区：21 世纪"海上丝绸之路"的排头兵 [J]. 当代社科视野，2014（4）：10-11.

[14] 耿相魁，耿冰 . 舟山群岛新区建设 21 世纪"海上丝绸之路"重要节点的优势与路径 [J]. 浙江海洋学院学报，2014（5）：18-19.

[15] 第一财经日报 . 宁波—舟山港：全球首个9亿吨大港是如何炼成的？[EB/OL].（2016-12-23）. http：//www.yicai.com/news/5189835.html.

[16] 陈小娜、苏芊芊等 . 宁波—舟山港参与 21 世纪"海上丝绸之路"建设的思考 [J]. 科学时代，2015（01）：296-297.

[17] 耿相魁 . 将舟山群岛新区打造成海上丝绸之路重要区域 [J]. 江南论坛，2014（09）：22-23.

[18] 王凤山，丛海彬 . 宁波—舟山港对接"一带一路"的探析 [J]. 经济论坛，2015（01）：61-62.

[19] 谢子远，吴林茜 . 宁波—舟山港对接"一带一路"建设的对策建议 [J]. 商业评论，2016（03）：5-6.